今读国学

王阳明心学全鉴

〔明〕王阳明◎著
东篱子◎编译

中国纺织出版社

内 容 提 要

王阳明是明代著名思想家、哲学家，在学术思想方面继承宋代大儒陆九渊，以自己的体悟加以完善，形成了独具一格的“心学”体系。阳明心学，集儒、释、道三家之大成，蕴含着精妙的神奇智慧。本文通过对阳明心学的良知与致良知、知行合一等核心理论的阐述和解读，让人们更好地领悟其重要的精神与精髓。

图书在版编目（CIP）数据

王阳明心学全鉴 /（明）王阳明著；东篱子编译 .—北京：中国纺织出版社，2018.3（2023.11 重印）

ISBN 978-7-5180-4696-6

Ⅰ. ①王… Ⅱ. ①王…②东… Ⅲ. ①王守仁（1472-1528）—心学—图解 Ⅳ. ① B248.2-64

中国版本图书馆 CIP 数据核字（2018）第 025482 号

责任编辑：曹炳镝　　责任校对：高　涵　　责任印制：储志伟

中国纺织出版社有限公司出版发行

地址：北京市朝阳区百子湾东里 A407 号楼　邮政编码：100124

销售电话：010-67004422　传真：010-87155801

http://www.c-textilep.com

中国纺织出版社天猫旗舰店

官方微博 http://weibo.com/2119887771

德富泰（唐山）印务有限公司印刷　各地新华书店经销

2018 年 3 月第 1 版　2023 年 11 月第 5 次印刷

开本：710 × 1000　1/16　印张：20

字数：187 千字　定价：39.80 元

前言

心无定力的人，哪怕是遇到一点点不满，都可能会冲动和恼怒。

心理脆弱的人，只要遇到一点挫折，可能就会走向极端。

心怀鬼胎的人，有一点风吹草动，都可能会惊慌失措，感到不安。

意志薄弱的人，一个小小的失败，也会让他堕入迷茫或失落的深渊。

……

不难看出，我们一不小心就会被悲伤、愤怒、抑郁、忧愁、失落和寂寞等情绪笼罩，不仅让我们痛苦不堪，有时还会误导我们作出错误的选择，让人走向人生的歧途……严重的还会有人因控制不了自己而犯下弥天大错……

世界如此险恶，怎样才能内心强大？现实如此浮躁，如何走出心灵迷茫？命运如此残酷，怎样获得幸福人生？解放心灵的导师在哪？

王阳明是中国历史上一位没有争议的立德、立功、立言三不朽的圣人，是曾国藩、梁启超、伊藤博文、稻盛和夫等中外名人共同的心灵导师。王阳明创立的解决一切心灵问题的利器——阳明心学，集儒、释、道三家之大成，是500年来中国人最精妙的神奇智慧。曾国藩研习阳明心学，编练湘军进攻太平天国，历时12年克尽全功；稻盛和夫将阳明心学应用于现代企业管理，缔造了两家“世界500强”企业，成为日本“经营之圣”……读懂了阳明心学，没有任何人能伤害你，没有任何事能困扰你！

一位先生想去一下餐厅的洗手间。一进洗手间便看见一盆盛开的鲜花摆在一张老旧但却非常雅致的木头桌子上。洗手间里收拾得非常整齐，可以说一尘不染。自己使用过之后，也主动把洗手台擦拭得干干净净。

临走时这位先生对餐厅老板说，那些鲜花可真漂亮。

“谢谢。”老板得意地说，“您知道吗，我在那里摆鲜花已经有十多年了。您绝对想不到那小小的一盆花替我省了多少清洁工作。”

阳明心学，就是那盆盛开的鲜花，他会让我们的心灵永葆干净，以致一点污秽都能立即察觉。它能最大限度地开发个体生命和心灵的潜能，使自身的精气神与道一体化，与真善美相契合。阳明心学是净化我们心灵的工具。我们可以穿越时空，与这位圣哲对话，聆听王阳明的思想，以此来净化我们的心灵，塑造成功心理与高尚人格。

编者

2017年11月

目录

第一辑 生命主宰，全在于人的内心

第二辑 修炼内心，提升自己的最好途径

第三辑
心力坚韧，才能冲破种种阻碍

第四辑 心之所向，生命才会扎根福田

第五辑 内心端正，良知在心能做圣人

第六辑 克己成己，忍耐包容去除烦心

第七辑 清心寡欲，看淡看轻心灵丰盈

第八辑 从容淡定，处变不惊逍遥一生

第九辑 知行合一，戒除臆想赢在实践

第十辑 乐由心生，享受生命带来的喜悦

第十一辑 从心开始，塑造成功自己的心法

生命主宰，全在于人的内心

很多时候，人力量的大小不在于躯体强弱，而在于内心的强弱。小至一根木材、一抔土壤，中至一头野兽、一棵树木，大至一名将领、一个文人等，都是在依据自己的“性”而行。如王阳明在《传习录》中说：“人只要在性上用功，看得一性字分明，即万理灿然。”

不要忽视内心的巨大力量

知此则知未发之中，寂然不动之体，而有发而中节之和，感而遂（suí）通之妙矣。

——《传习录》

于丹曾经这样说过：“一个人的内心世界是无穷大的，它所包含的力量也是无限的。我们永远也想象不到我们的内心所能承载的重量、达到的境界是在哪里。”的确，一个人的内心世界是无限宽广的，不同的人对人的内心有不同的看法；有人认为是“善”，有人认为是“恶”。但是，明代著名学者王阳明却不是这样单纯地来看待人的内心本身，他认为，人的内心世界是充满力量的，这种力量能够改变单纯的善和恶，让人达到一个奇妙的境界。

陆原静曾经给王阳明写了一封信，信上说：“尝试于心，喜怒忧惧之感发也，虽动气之极，而吾心良知一觉，即惘然消阻，或遏于初，或制于中，或悔于后。”

王阳明回答说：“知此则知未发之中，寂然不动之体，而有发而中节之和，感而遂通之妙矣。”

在这里，其实就是讲了陆原静体验过的一种心境：一个人喜怒忧惧的感受发生了，虽然他的情绪波动到极点，但是只要那个人心中的良知觉醒了，种种不良情绪就能立即涣然消失，有的在萌生恶意之前就会被遏止，有的在发生的过程中受到制止，有的在过后才及时悔改。王阳明也对他的这种认识持肯定态度。他觉得一个人若能认识到这一点，就能进一步认识到喜怒哀乐等情绪还没有发出来时的那种不偏不倚、寂然不动中的“中”的境界，而又有各种情绪表现出来都能合于节度，无论什么事都应对得体的“和”的状态。

从王阳明和陆原静的书信来往中，我们能够看出王阳明重视人内心的力量，他觉得一个人的内心力量很强大，这种力量甚至能够控制一个人的喜怒哀乐，让一个人的心性保持纯洁，达到一种“和”的状态。

王阳明关于内心力量的言论是非常值得我们学习的，尤其是在当今这个社会。现如今的社会，人们的内心越来越浮躁不安，人人都被各种各样的外界因素困扰，甚至还有损害他人和自己的偏激行为。究根结底，就是因为人们的内心力量不够强大，面对一点儿事情就能产生很大的情绪波动，从而影响整个人的精神状态。

但凡事业有成的人士，他们的内心往往都是非常强大的。他们能够勇敢地面对非一般的磨难和痛苦，在这些困难面前能够进行自我调节，让自己在面对逆境时始终保持最佳的心理状态，做到从容应对。

在王阳明看来，心是一种巨大能量的象征。他认为，世界上的一切问题都可以在自己的心中找到答案。内心世界充满力量的人能够在顺境中不骄不躁，在逆境中不气不馁，面对人生的高潮和低谷都能够以一颗平常之心淡然处之。所以，我们要像王阳明一样，能够经常反省自己，勤于修养我们的身心，培养我们的意志，壮大我们的内心力量，这样才会使我们的人生不受外界因素的干扰，能够获得一方宁静、幸福的天地，领悟人生的真谛。

心灵自然纯粹，才能创造奇迹

汝若于货、色、名、利等心，一切皆如不做劫盗之心一般，皆消灭了，光光只是心之本体，看有甚闲思虑？此便是“寂然不动”，便是“未发之中”，便是“廓然大公”。自然“感而遂通”，自然“发而中节”，自然“物来顺应”。

——《传习录》

心外无物，假如每一个人都可以像王阳明先生那样拥有对财、色、名、利等的认知和想法，剔除自己内心的杂念，那么心就归于寂然不动的境界，也就让心灵归于自然纯粹了，就算是各种情绪困扰，心中也是一片淡泊宁静，自然也就可以很好地处理所有的事情，创造出人生的奇迹。

早年的王阳明就已为自己立下了圣贤之志，在1502年王阳明从九华山回京复命之后，便开始了他所追求的“第一德业”。所谓第一德业，就是远离尘寰，一心一意，潜心修道。王阳明从小就是一个言行一致的人，他只要说到就必须做到。所以回京之后他立刻给皇帝写了一份辞呈，以养病为由要求回老家休养。

当时的王阳明不过是身居六品的芝麻绿豆小官，在皇帝那里根本算不上什么，当然也就很快得到了批准。于是，王阳明马不停蹄地回到家乡。他当然不是回到家中居住，而是跑到了会稽山上的洞中开始了他的潜心修道大业。

王阳明认为，心性修养最重要的一点就是要将自己的私心杂念彻底清除，只要有一点杂念留在心中，那么这点杂念就会慢慢扩大，最终引起杂念纷纭，乃至滋生祸端。在现实生活中，很多的奇迹都是在一种内心纯粹的状态下完成的。有这样一个故事，在一座海拔 8611 米的山峰上，登山队员以不带氧气瓶征服山峰为奋斗目标，结果只有一个登山队员创造了奇迹。

这位登山队员说，决定成败的并不是依靠身体的强壮，而是看能否克服心里极度需要氧气的欲念，在到达 6500 米的空气忍受临界点之时，想要不借助氧气继续攀登，心中必须没有一丝的杂念和欲望，否则只能以失败告终。

据王阳明的弟子王畿记载，王阳明在会稽山修道，差点殒命于此。远离尘世的喧嚣，独居洞中，终日与佛、道两家修学精髓为伴，当然有时候会觉得凄苦无依，也就是说王阳明在洞中也要经历独处寂寞极限，而他最终日夜勤修，练得一颗不动心，忘己忘物，忘天忘地，与天地之空虚同体，似欲言而忘其所以言的传奇境界。

王阳明就这样在洞中静坐修道，让自己的内心归于纯粹，以致最后修炼到可以进入物我两忘、天地消泯的光明境地，而这些可以说为他日后在龙场悟道打下了坚实的基础。

某一天，王阳明正在洞中静坐修心，忽然睁开双眼对家童说，现在有几个友人来山中探访，赶快去迎接。

家童听后自然是半信半疑，但是走到半路果真就接到了那几个访客，访客听后也大为吃惊，都觉得王阳明都快修成神仙了。当然王阳明也为自己练就的这些特异功能而沾沾自喜，但是没有多久他开始幡然醒悟，用他自己的话说："此簸弄精神，非道也。"然后便开始静坐修道。

随着山中修道的时间愈来愈久，王阳明远离尘世、遗世独立的定境之乐也就越来越强，这也让王阳明感到了从来都没有过的自在和欢愉。当然时间长了之后，他便也开始有了出世的想法，此想法一出他第一个想到的就是自己在世的老祖母和父亲，心中不免有了一些纠结。远离喧嚣的尘世，此时的王阳明就像是高空中飞行的风筝，但是孝亲之念却牢牢地系在他的身上。又过了一段时间，王阳明在某一日顿悟："此孝弟一念生于孩提，若此念可取，断灭种性矣。"于是收拾好铺盖头也不回地下山而去。

一个人在人生的道路上前行，只有澄清了心中的各种欲望，让心灵归于自然纯粹，才可以将最大的潜能激发出来，才能突破自己的极限，才可以享受到成功的喜悦。俗话说"千里之堤，溃于蚁穴"，就是这个道理。天下任何的事物发展皆是由小到大，不利因素当然也是如此，如果不在微小之时加以节制，很可能会造成严重的后果。王阳明从少年时期便立下了做圣贤的志向，在追寻圣贤的路上，始终有一个不可撼动、不容更改的目标，那就是成为圣贤之人。为此，他修身养性，远离尘世，静坐修道，去杂念，让心留存满腔诚意。可以说，他的心清澈虚明，活泼得如同一泓清泉，对世间一切毫无执着，心与天合一，知与行合一，将生命提升到了心无所碍、神奇莫测的境界。

人的一切行为都来源于心的指挥

心为神之舍，血之主，脉之宗，在五行属火，为阳中之阳……

——《传习录》

心是什么？王阳明说："心为神之舍，血之主，脉之宗，在五行属火，为阳中之阳……"他的意思是说心起着主宰人体生命活动的作用。从生理的角度看，心是思想的主宰，人的一切行为都来源于心的指挥。

有一位虔诚的信徒每天都从自家的花园里采撷鲜花到寺院供佛。

一天，当她正送花到佛殿时，碰巧遇到无德禅师从法堂出来，无德禅师非常欣喜地说道："你每天都这么虔诚地以香花供佛，来世当得庄严相貌的福报。"

信徒非常欢喜地回答道："这是应该的，我每天来寺礼佛时，自觉心灵就像洗涤过似的清凉，但回到家中，心就烦乱了。我这样一个家庭主妇，如何在喧嚣的城市中保持一颗清净的心呢？"

无德禅师反问道："你以鲜花献佛，相信你对花草总有一些常识，我现在问你，你如何保持花朵的新鲜呢？"

信徒答道："保持花朵新鲜的方法，莫过于每天换水，并且在换水时把花梗剪去一截；因为花梗的一端在水里容易腐烂，腐烂之后，水分就不易吸收，就容易凋谢！"

无德禅师道："保持一颗清净的心，其道理也是一样。我们生活的环境像瓶里的水，我们就是花，惟有不停净化我们的身心，变化我们的气质，并且不断地忏悔、检讨、改进陋习、缺点，才能不断吸收到大自然的食粮。"

信徒听后，欢喜地作礼，并且感激地说："谢谢禅师的开示，希望以后有机会亲近禅师，过一段寺院中禅者的生活，享受晨钟暮鼓、菩提梵唱的宁静。"

无德禅师道："你的呼吸便是梵唱，脉搏跳动就是钟鼓，身体便是庙宇，两耳就是菩提，无处不是宁静，又何必等机会到寺院中生活呢？"

是啊，热闹场中亦可做道场；只要自己丢下妄缘，抛开杂念，哪里不可宁静呢？如果妄念不除，即使住在深山古寺，一样无法修行。

王阳明用一生的经验总结出一句话："心"左右一切。做好事来源于内心，做坏事也来源于内心。心中所想会影响我们的行为，正如王阳明所说："心体上着不得一念留滞，就如眼着不得些子尘沙。些子能得几多，满眼便昏天黑地了。""这一念不但是私念，便好的念头亦着不得些子。如眼中放些金玉屑，眼亦开不得了。"意思是说，人的心体上不能存留一丝杂念，就像眼里揉不得一点沙子。一点沙子没有多少，却使人

满眼昏天黑地，看不清世界，这一念头不仅是指那些恶的私念，就是好的念头也不能存留。王阳明以此劝诫人们时时保养自己的良知，不让它被物欲所沾染。

王阳明非常关注内心的修养，这或许也是他能成为一代圣哲的原因。因此，我们要时刻关注自己内心的想法。不让世俗的虚名侵占自己的心灵，失去自我。

拥有平常心，能走出五浊恶世

人当变故之来，只宜静守，不宜躁动。即使万无解救，而志守正确，虽事不可为，而心终可白；否则必致身败而名亦不保，非所以处变之道。

——《传习录》

“佛家认为，我们生活的世界是五浊恶世，寒热苦恼等相互污浊，已经容不得我们一刻居住。”他的弟子看到这句话，就问王阳明：“既然我们身处这样污浊的环境，应该怎么办呢？”王阳明回答说：“人当变故之来，只宜静守，不宜躁动。即使万无解救，而志守正确，虽事不可为，而心终可白；否则必致身败而名亦不保，非所以处变之道。”

世事难料，福祸变幻，当你突然遇到一些难以预料的事情发生时，能不能像王阳明那样保持平常心，处事不惊，从容面对呢？当你被误解、被诬陷、被冤枉之时呢？要想从容面对，保持一颗净化的心，谈何容易？必须有一个伟大的胸怀。有时候，要是没有可能改变身处的环境，那就去改变我们的心灵。也就是说，我们应该从净化内心开始。只有内心净化了，身外的环境才能得到净化。反过来说，如果我们的内心没有净化，而是想尽办法来改善身外污浊的环境，就不会得到明显的效果。

石苞是西晋初期一位著名的将领，晋武帝司马炎曾派他带兵镇守淮南，在他的管区内，兵强马壮。他平时勤奋工作，各种事务处理得井井有条，在群众中享有很高的威望。

当时，占据长江以南的吴国还依然存在，吴国的君主孙皓也还有一定的力量，他们常常伺机进攻晋朝。对石苞来说，他实际上担负着守卫边疆的重任。

在淮河以北担任监军的是王深。他平时看不起贫寒出身的石苞，又听到一首童谣说："皇宫的大马将变成驴，被大石头压得不能出。"石苞姓石，所以，王深就怀疑这"石头"是指石苞。

毫无理由地怀疑他人，陷人于不平之中，实在是不义之举。然而，王深还是这样做了。他秘密地向晋武帝报告说："石苞与吴国暗中勾结，想危害朝廷。"在此之前，风水先生也曾对武帝说："东南方将有大兵造反。"等到王深的秘密报告上去以后，武帝便真的怀疑起石苞来了。正在这时，荆州刺史胡烈送来关于吴国军队将大举进犯的报告。

石苞也听到了吴国军队将要进犯的消息，便指挥士兵修筑工事，封锁水路，以防御敌人的进攻。武帝听到消息后更加怀疑，就对中军羊祜说："吴国的军队每次来进攻，都是东西呼应，两面夹攻，几乎没有例外的，难道石苞真的要背叛我？”羊祜自然不会相信，但武帝的怀疑并没有因此而解除。凑巧的是，石苞的儿子石乔担任尚书郎，晋武帝要召见他，可他过了一天时间也没有去报到，这就更加引起了武帝的怀疑，于是，武帝想秘密地派兵去讨伐石苞。

武帝发布文告说：“石苞不能正确估计敌人的势力，修筑工事，封锁水路，劳累和干扰了百姓，应该罢免他的职务。”接着就派遣太尉司马望带领大军前去征讨，又调来一队人马从下邳赶到寿春，形成对石苞的讨伐之势。

石苞一点也不知道武帝对他的猜疑。到了武帝派兵来讨伐他时，他还莫明其妙。但他想：“自己对朝廷和国家一向忠心耿耿，坦荡无私，怎么会出现这种事情呢？这里面一定有严重的误会。一个正直无私的人，做事情应该光明磊落，无所畏惧。”于是，他采纳了孙铄的意见，放下身上的武器，步行出城，来到都亭住下来，等候处理。

武帝知道石苞的行动以后，顿时惊醒过来，他想：讨伐石苞到底有什么真凭实据呢？如果石苞真要反叛朝廷，他修筑好了守城工事，怎么不作任何反抗就亲自出城接受处罚呢？再说，如果他真的勾结了敌人，怎么没有敌人前来帮助他呢？想到这些，晋武帝的怀疑一下子消除了。后来，石苞回到朝廷，还受到了晋武帝的优待。

从石苞的经历中我们可以看出，石苞用内心的平静打消了武帝的猜忌，也回击了来自于外界的诽谤，从而为自己平息了一场灾难。如果石苞面对这样的诽谤事件，面对大兵压境的紧急关头，如果没有一颗平常心而慌了心神，必然会做出蠢事和傻事，从而使自己陷入万劫不复的深渊。

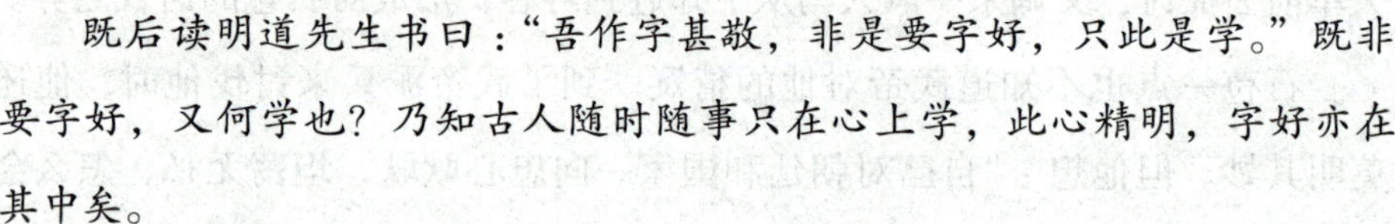

新唯“心”主义：一切皆由心生

既后读明道先生书曰：“吾作字甚敬，非是要字好，只此是学。”既非要字好，又何学也？乃知古人随时随事只在心上学，此心精明，字好亦在其中矣。

——《年谱》

无论置身在怎样的困难环境之中，只要能快速调整自己的心境，保持一种坦然淡定的状态，就可以从容面对错综复杂的人与事，从而采取正确的方法去应对。

王阳明尽管天资聪慧，但是少年时期的他豪迈不羁，行为放逸，而且特别喜欢跟人开一些没有原则的玩笑，在家人和朋友眼中，他就是一个顽皮、无拘无束的小青年。从小特立独行的王阳明没少让父亲费心，在他17岁的时候，父亲为了束缚一下他那不羁的个性，命令他去江西迎娶自己的妻子。

洞房花烛夜，新婚燕尔时，他却一个人优哉游哉地跑去了铁柱宫和道士一起畅谈养生之道，彻夜未归。王阳明向来就是一个特立独行的人，不拘礼法的约束。比如，他在京城的私塾读书，上课期间竟然翘课去和街上的小伙伴玩军事游戏，惹得父亲动怒，对他一番教训，但是他依然玩心不改。结婚后的王阳明在岳父家住了一年。当时他觉得自己的书法不是很好，于是乎每日在岳父的府邸之中练习书法，开始他只是按照古人的书法去临摹，但是后来他发现如此临摹最终也只是追求一个形似罢了。从那之后，他每次下笔，必要先仔细琢磨，然后凝神屏息，让自己的心沉静下来，去体会字的深意，然后才下笔。时间久了，他悟出想要练好字，就必须从心中获得启示，只有心中有了精神，字才会拥有精气神。

第二年，王阳明带着妻子回老家，中途在广信拜访了当时的儒学大家娄谅。娄谅对理学颇有研究，两个人相谈甚欢。娄谅告诉他人生很严肃，圣人必可学而至的道理。于是王阳明回到家乡便开始奋发图强，但是在余姚他很快就又恢复了舞文弄墨的兴趣，和周围的人一起建立诗社，喝酒对诗。

当时王阳明的辞章水平已经达到了一定的高度，他的文风自然流畅，文字富于变化，不仅豪迈跌宕，更是大气磅礴。时光飞逝，王阳明在辞章的研究中度过了一年之久。1492 年，他的爷爷王伦去世，他的父亲返乡办理丧事。爷爷自幼将王阳明视为掌上明珠，爷爷的去世对他的打击非同一般。但是世事无常，人在一生当中总要面对一些永远都不想却不得不面对的事。王阳明的父亲在家守孝三年，命令王阳明好好学习科考的学术，准备参加科举考试。

王阳明从小就立下志向要成为圣人，但在大家眼中他不过是喜爱辞章罢了，其实他是想以辞章来影响天下之人。科举是大明朝所有学生必须要走的路，因为在那个年代，除了科举，读书人似乎也找不到其他途径来施展自己的抱负。王阳明在父亲的督促之下，也开始了对科举考试学问的钻研，到了晚上，他就将爷爷留下的那些经史子集等各类书籍整理归类，然后一点点细读，经常是读起来就忘记了时间，等到回过神来，发现已经是夜半时分。

王阳明的辞章尽管在长辈那里深得赞赏，但是因平日他豪放不羁，带给别人的印象都是嬉笑怒骂，简单率直，从来不会墨守成规，就是一个不太听话的孩子。但是他永远都不会走寻常路，别人永远都摸不清他想什么。第二天与大家见面，所有的人都发现王阳明这个不羁的孩子竟然一夜之间变得有些不认识了。原来，王阳明不仅正襟危坐，而且探讨起学问来也相当严肃，再不与大家开玩笑了，而且话语也变得少了。

平日里那个喜欢饶舌嬉戏的孩子突然之间变得严谨而沉默，这样一来，大家倒是都觉得奇怪而且有些不好意思，还有一些人在心中暗自发笑。但是就在此时，王阳明一脸严肃并一丝不苟地正色回敬各位长辈说：“过去的自己放荡不羁，现在知道错了。春秋时期卫国的蘧瑗到了49岁才知道自己的错误，而我自己不过20岁，现在知道悔过还不算晚吧。”

从此，王阳明始终都保持着严谨的作风，没有发生变化。后来在平定朱宸濠叛乱之时，面对十万火急的军情，他始终从容不迫，就算是被宁王追杀也都保持着冷静，最终活捉宁王，取得胜利。一切皆由心生，要想掌握自己的命运，关键在于掌握自己的心灵状态，只要可以让心沉静下来，只要可以摒弃那些纷繁的杂念，就可以驾驭自己的内心，体验到那种可控的成功感觉。

卓绝的头脑比不过强大的内心

爱问：至善只求诸心，恐于天下事理有不能尽。先生曰：心即理也。天下又有心外之事，心外之理乎？

——《传习录》

“心即是理，心外无物”是王阳明创立心学的核心思想所在。按照王阳明的心学，道理其实都在心中，世间并无存在心外的事物和道理，只有拥有了强大的内心，潜能才能被激发出来，才会产生无穷的力量。

有一天，王阳明同一位朋友一起在南镇的山间游玩，朋友看到山岩中的花树就问道：“天下既无心之物，如此花树，在这深山之中兀自花开花落，于我心有何关系？”王阳明的回答可以说十分巧妙，他说：“你未看到花时，这花与汝心同归于寂。你来到山中见到此花，则此花颜色一时便明白起来，便知这花并不在你的心外。”

世界上的所有问题，对于王阳明来讲都可以在自己的内心找到答案。他觉得世界上万事万物的根源都在自己的心里。王阳明在一首诗中写道：“人人自有定盘针，万化根源总在心。却笑从前颠倒见，直至叶叶外头寻。”我们都知道每一个人身上都有一种潜在的力量，这种力量不仅可以帮助我们健康快乐，更能让我们收获成功。这种力量原本存在我们的内心深处，只是在生活中这种强大的力量被欲望所遮蔽，如果可以将这些遮蔽的物欲清除，去感受内心的这种力量，那么这股潜能就将产生无穷的力量。

在明朝，宦官当权，民不聊生。那场浩浩荡荡的反刘瑾运动，王阳明参与其中。就在一些大臣入狱之后，他给当时的皇帝朱厚照写了一封非常委婉的信。信中说，入狱的那些人触犯了皇帝，所以应该接受处罚。但是，那也是他们的职责，国家有了事情，他们不站出来说一说，岂不是失职了，皇帝如果要那样的臣子又有什么用处？他们说对了，皇帝可以照做；如果说错了嘛，皇帝也可以大人不记小人过，多多担待他们。现在，皇帝对这些人使用酷刑，这不是相当于挡了大臣们的言路吗，这样下去谁还敢再说真话呢？

从表面看，王阳明的这封信并不像蒋钦他们一样言辞激烈，也并没有将矛头指向刘瑾，可是当刘瑾看到这封信的时候，发现王阳明这简直是绵里藏针。王阳明在信中说，大臣们被施以酷刑，以后就不会有人说真话了。而大臣们所说的不就是刘瑾的事情吗，这分明是赤裸裸地对刘瑾这个邪恶之徒的批驳。

刘瑾最终将王阳明扔进了锦衣卫的大牢之中。众所周知，锦衣卫的大牢可不是什么好地方，但凡进去的人很少有人能够活着出来。就在那年的冬季，王阳明被刘瑾在午门之外赏赐了四十廷杖，四十廷杖对于一个人来讲原本就是九死一生，何况刘瑾要求王阳明脱掉裤子执行廷杖。四十廷杖之后王阳明早已经是气息奄奄，可以说离死亡不远了。面对皮开肉绽的王阳明，刘瑾下令拖进大牢，从此王阳明开始了锦衣卫大牢中的艰苦生活。

锦衣卫的牢房在当时被称为“诏狱”，生存环境极其恶劣，而且还有各种无法想象的酷刑，但是王阳明却在大牢中创造了一个奇迹。在监牢中不知道过了多久，王阳明才缓缓睁开眼睛，他发现自己还活着。当他清醒过来之后，看着自己身处的环境，想起了自己走过的追逐圣贤的路途，想到了司马迁，想到了孔夫子，想到了屈原，这些古代圣贤的事例一个个涌现到自己的脑海之中。由此他的圣贤情怀充溢到脑海和心里，并写下狱中诗。

在锦衣卫的大牢中，王阳明并没有后悔自己走过的路、做过的事情，反而更加坚定了自己的圣贤之路，心里更加豁然光明起来，于是他在狱中开始讲圣贤之学。

锦衣卫的大牢可是九死一生的地方，但是王阳明凭借着自己坚强的意志以及强大的内心，将这恶劣的大牢当作了自己的精神历练之地。就这样，他在锦衣卫的大狱之中待了五六个月，最后朝廷将他贬到了贵州龙场做驿丞。

王阳明在恶劣的“诏狱”中之所以能成就一个奇迹，靠的并不是他卓越而聪明的头脑，真正依靠的是他强大的内心、坚强的意志，以及他对圣贤追逐的笃定。在我们每一个人的心中都藏着这样强大的力量，之所以不能显现，是因为我们面对事情本身所反映出来的一些负面情绪和消极心态。试想，如果王阳明面对锦衣卫那种人间炼狱般的大牢，一味沉浸在绝望和痛苦之中不能自拔，那么他的生命或许早就在“诏狱”之中郁郁而终了。

表面迎合，远不如内心契合

爱因未会先生“知行合一”之训，与宗贤、惟贤往复辩论，未能决，以问于先生。

先生曰：“试举看。”

爱曰：“如今人尽有知得父当孝、兄当弟者，却不能孝、不能弟，便是知与行分明是两件。”

先生曰：“此已被私欲隔断，不是知行的本体了。未有知而不行者。知而不行，只是未知。”

——《传习录》

很多人在面对人和事的时候，出于各种原因只是表面迎合，而内心之中却存在着另一种想法和认知。其实这种情况皆是因为心被私欲阻断，不再是知行的本体，也可以说没有真正认识到事物的本质，所以不能行。

宋代大儒朱熹认为，世间万物，一草一木都有其存在的道理。理先天地而生，而这些在人的言行中则表现为仁义礼智等道德伦理方面，所以人们应该“格物致知”。王阳明看了朱熹的这些理论之后，便叫上一位姓钱的同学对着一片竹子“格”了起来，他们希望能从这片竹林中得到万事万物的道理。于是两个人开始面对竹林静坐，并且日夜不分。到了第三天的时候，那位姓钱的同学终于再也支撑不下去，病倒了。

王阳明面对着竹子静坐，眼睛紧紧盯着一棵竹子，只见眼前的那棵竹子有碗口那么粗，竹叶疏松，直指天际。凝视之中，王阳明认真思考的是竹子背后的道理，他想到了竹子的作用，想到了竹子的药理，想到了竹子的优美与雅致，总之以竹子为中心，他几乎想到了所有相关的题目。就这样，王阳明整整思考了七天，感觉一棵竹子就能做一篇很长的文章，但是此时的他只觉得头昏目眩，几乎就要晕倒了。他想，难道真的如孔子所说："终日不食，终夜不寝，以思，无益，不如学也？"但是他又想到禅宗，因为禅宗的师傅们向来都是静坐悟道的，难道这圣人之路就这么难以求得吗？就在第七天，王阳明实在无法坚持了，于是跟姓钱的同学一样，扑通一声倒在了地上，生病在床。

竹子一事很长时间都被王阳明的朋友同学当作笑料，但是也就是从那时开始，他开始对朱熹"格物致知"的思想理论产生了一些怀疑。要知道，王阳明从小对学问就是一个非常严谨的人，15 岁的时候，因为学习兵法而一个人独自骑马考察边关。这也说明，他对学问、对做事、对人从来都不会盲从，自然也就不会表面迎合。所以面对朱熹的理论，他选择的是让自己去探索求知其中的真理。

王阳明年轻的时候非常喜欢研究军事。他家是诗书世家，家里经常会有访客，这对于王阳明来讲是一件非常令人兴奋的事情。因为只要有人来了，他就可以拿着花生、瓜子等招待来访者，招待来访者之时，他就会兴致极好地跟人家大谈兵法，并用瓜子和花生摆出两军对垒的各种情形，往往谈起来就把一切都忘记了。慢慢地，他对军事研究已经到了一种痴迷的状态。通过这件事，也可以看出王阳明对待万事万物的态度，如果是表面迎合，任谁都不会这样执着痴迷。当然，如果王阳明只是表面迎合，自然也不会成为我国伟大的圣贤之人。

有时候我们很想认真地去做一件事，但是周围的人对你想做的事情表达出来的意思却是多种多样，冷嘲热讽纷至沓来，极少会有人支持。在这些非议面前，在诸多负面影响面前，很多人选择的是退缩，从此失去做事情的勇气和激情，即便再提及那件事也不过是表面迎合。对于王阳明来讲，自从小时候开始立志当圣人之后，他的这些想法便被父亲、老师嗤之以鼻，更不要说别人的看法了。按照现在的观点，王阳明在明朝就是一个不折不扣的另类青年，从竹子这件啼笑皆非的事情上就可见一斑。但是王阳明向来就是一个行为举止奇特的青年，对这些外界的言论他从来都没有放在心上，对自己追求的圣贤之路，也从来都不会表面迎合，而是身心积极契合，无论在何种境地，无论面对什么样的事情，从来都不曾将这一志向忘记，而是将这圣贤的理想时刻放在心中，努力追求，从不舍弃和犹豫。

心灯不灭，世风诈起也枉然

此心光明，亦复何言。

——《静心录》

王阳明在很小的时候便立下了做圣人的大志，他一生勤于读书，并渴望成为国家的栋梁之材。但是，他的道路却走得异常艰难，初入仕途便遭到刘瑾的打击报复，被贬龙场三年，九死一生，受尽人间磨难。也正是因为此，王阳明方可悟道人生的真智慧，形成自己的心学，成为一代圣贤之人。

1506年的大明朝发生了一件大事，那就是老皇帝朱祐樘去世，小皇帝朱厚照登基。其实这对于一个朝廷来说也不是什么大事，但是关键的问题是朱厚照登基，以刘瑾为首的八位太监从此借着皇帝的宠信开始了宦官弄权，以致弄得官场黑暗、民不聊生。当时无论是政府官员还是民间，都将这八位太监称为“八虎”。可想而知，这几个太监是何等厉害。

据资料记载，刘瑾是一个极其阴险狡猾之人，而且心狠手辣。因为刘瑾带着皇帝每每寻欢作乐而不理朝政，老皇帝朱祐樘去世时为小皇帝选定的九位顾命大臣联合上疏决意要将以刘瑾为首的“八虎”除之而后快。刘瑾得知此消息便连夜觐见皇帝，摆出一副委屈的样子跟小皇帝玩起了一哭二闹三上吊的把戏，将一切责任推给了东厂太监王岳，从此皇帝将东西两厂交给了“八虎”管理。刘瑾对于那些上疏弹劾他的大臣便开始了一场史无前例的打击报复。

朝中大臣从此不敢说话，但是世间的正义还是不能完全被打压的。当时的两名言官在这种情况下依然上疏皇帝直言不讳地说必须将“八虎”处死，自然这两位言官也就落入了锦衣卫的大牢之中。在这种情况下，王阳明站了出来，上疏皇帝说，言官乃一个国家与民间联结的枢纽，所以不能杀，也不能打入大牢，尽管书信委婉平和，但是语气也是相当犀利，眼中不揉沙子的刘瑾看到上疏立即将王阳明拖到午门外廷杖四十并打入锦衣卫大牢。

其实在那种情况之下，所有人都知道上疏的结果是什么，但是王阳明为什么还敢于挺身斗虎呢？原因就在于他有立志做圣贤的志向，他觉得如果是圣贤之人此时必将会站出来说句公道话，但是他换来的

是牢狱之灾，是锦衣卫大牢的九死一生。

王阳明对此并不后悔，在锦衣卫的大牢中他甚至为别人讲圣贤之路，并将大牢那恶劣的环境作为自己通往圣贤之路的一种考验。终于他迎来了朝廷的处罚，从此可以离开牢狱，但是面对他的却是一场比锦衣卫大牢更加严峻的考验。

尽管最后王阳明没有被处决，而是被贬到贵州的龙场做驿丞，但是刘瑾是一个有仇必报的小人，哪里能这样让王阳明就此离开，他的目的很明确，那就是杀死王阳明。在王阳明离开锦衣卫大牢奔赴家乡的路上，他察觉到有人跟踪，深知这是与刘瑾的一场生死对决，擅长兵法的王阳明于是一路之上不按照常理出牌，偶尔夜行，偶尔日行，偶尔走大路，偶尔走小路，全无规律可循。

钱塘江就在眼前，而王阳明的家乡余姚也就在眼前，可是此时的锦衣卫追杀已经从暗处跳到了明处，暗杀变为明杀。王阳明看着滚滚流淌的江水，感觉世风日下，自己或许真的不能逃过此劫，于是在钱塘江畔赋诗一首，并将自己的外衣与鞋子脱到江边，纵身跳进了湍急的江水。锦衣卫追到江边，看到他的鞋帽，认定他已跳江自杀，才算停止了追杀。王阳明生在浙江，水性自然也不错，但是那个时候他真的无法预料自己的生死，人或许被逼到万般无奈的境地之时，都敢于拼死一搏，往往置之死地而后生，他是幸运的，被商船救起，只是那个时候他的死讯已经传到了家中，浙江的官员也跑到江边悼念他这个挺身斗虎的文弱书生。

商船顺水而下，从浙江到达福建境内，而王阳明也就开始了自己弃船走路向贵州龙场进发的日子。但是此时的王阳明早已经不再是国家六品官员，经过了锦衣卫的大牢，经过了锦衣卫的一路追杀，他早已经是衣衫褴褛，身无分文。很多人都想问，王阳明为了朝廷，落得这个下场，难道就真的没有丝毫后悔吗？当然不是，王阳明被刘瑾追杀险些丧命钱塘江，现在的他心中想的是做一个山外之人，从此寄情于山水之间，专心修学悟道。就在这个时候，曾经与他彻夜长谈的一位大师告诉他，他的父亲尚在朝廷为官，如果他如此做个闲云野鹤之人，刘瑾若是找个罪名将其全家处斩也不是没有可能。王阳明听后毅然再次踏上奔赴龙场的路途，他从此将这所有的艰难险阻看作圣贤道路上的种种磨炼，尽管朝廷中有“八虎”作乱，但是他却坚信自己的圣贤之路，并不因此而泄气，并不因此而气馁，而是选择了勇往直前，淡然面对龙场的再一次生死考验。

一定要做一个“富心人”

昔孔子欲居九夷，人以为陋。孔子曰：“君子居之，何陋之有？”阳明以罪谪龙场，龙场古夷蔡之外，于今为要绥（suí），而习类尚因其故。人皆以予自上国往，将陋其地，弗能居也，而予处之旬月，安而乐之，求其所谓甚陋者而莫得。

——《何陋轩记》

“家有良田千亩，一餐不过几碗白米；房有大屋百间，一夜不过三尺床榻”。这个世界虽有灯红酒绿、纸醉金迷的致命诱惑，然而占据财富的快感只是外在的、短暂的，而一个人的品行、才智、志趣、节操，才是内在的和长久的。贫富显示的是一种生活状态，并非是一种生活质量，更无法反映内心的强弱与否。因此，与其向人展示财富的多寡，还不如昭示心境修炼的高低。

王阳明曾经在《何陋轩记》中写下这样一段话：“昔孔子欲居九夷，人以为陋。孔子曰：‘君子居之，何陋之有？’阳明以罪谪龙场，龙场古夷蔡之外，于今为要绥，而习类尚因其故。人皆以予自上国往，将陋其地，弗能居也，而予处之旬月，安而乐之，求其所谓甚陋者而莫得。”这段话的意思是：孔子当年住在九夷那么荒凉的地方，连他的弟子都看不下去了，纷纷说老师不应该委屈自己，然而孔子却觉得自己可以用君子之风去影响当地的人，把先进的文化传播出去从而改变那里的习俗，这样一来，原本是简陋的地方也会渐渐变得繁华。我因为犯了错误而被贬到龙场来，这里在古代虽然是蛮荒地带，然而今天却成了政府安抚少数民族的地方，无非是生活条件比较艰苦罢了。很多人觉得我从京城来到这样的地方根本难以居住，但是我却在这简陋之所生活得很安逸快乐。

龙场是贵州的一个偏远地区，在明朝时期可以说是一个不毛之地。王阳明被贬，从繁华的京城到了荒凉的龙场，按理说，王阳明的心中应该充满了不满。然而，王阳明没有抱怨，面对龙场简陋的一切，他都坦然处之、淡然待之。王阳明之所以被后人推崇，其中一个重要的原因就是他不惧怕环境对自己的影响，因为他自己就能够反作用于环境。

贵州龙场可以算作是一个“绿色地狱”，野兽遍地而且常年雾气弥漫，特别是驿站年久失修，除了适合老鼠居住之外没有什么招人喜欢的地方。为此，王阳明和他的跟班搭建了一个茅草棚子住了进去，后来担心野兽进来就改换

到了山洞里。从小生长在官宦门第的王阳明不仅能适应这里的环境，还能按照孔子所说去改造当地人的生活方式。

当时龙场的居民们虽然说不上是刀耕火种、茹毛饮血，但其生活的状态与大明王朝的主流城市相比确实低下。王阳明目睹这种情况后，决心用自己的能力帮助他们改变这种欠缺文明元素的现状。为此，他抛弃了圣人对劳动的偏见，教给当地居民如何打土坯、如何用木头盖房子等。而当地的居民礼尚往来，教给王阳明如何种粮食、如何辨别各种野菜等，甚至还帮助他盖了几间房屋，后来被王阳明命名为龙岗书院。

也正是有了龙岗书院，才让王阳明拥有了一个可以宣传文化的平台，不仅拉近了他和当地人民之间的关系，更是将汉族文化带入到了少数民族地区，促进了文化的融合。

王阳明一直认为要想真正地学习圣人之道，那就必须让自己的生活和龙场的简陋环境很好地融合在一起。为此，他在《始得东洞遂改为阳明小洞天》中写下了"邈矣箪瓢子，此心期与论"的诗句，意思就是拿自己和颜回作比较，能够忍受常人所不能忍受的贫困生活，求得精神上的富足。在龙场，王阳明的心境得到了修炼和提升，面对贫困和苦难，他始终坚守自己的信念，以追逐理想作为人生最大的乐趣，将安贫乐道当作自己快乐生活的准则，悟出了更深刻的道理，独辟蹊径创立了心学。

从更深的层次来看，王阳明认为只有具备了安于贫困生活的心理素质，才能真正学习到圣人的教化，不被现实和功名利禄所拖累，才能找到人生的意义，这就与佛家所说的持戒之道不谋而合。随着社会经济的不断发展，攀比的心态越来越渗透到每个人的观念之中，尤其是当炫富从一种新闻变成一种普遍现象的时候，也就是一个社会的价值观出现整体滑坡的时候。虽然财富在很多时候是一个人能力的象征，但是获得财富也需要机缘巧合，不是谁努力就一定能得到的。既然有了这个未知因素存在的大前提，就应

当对贫富有个淡然看透的态度。

一般来说，你越是远离物质生活，就越能贴近自己的内心。所以，人生有点迷茫的时候，不要借酒浇愁放纵自己寻求什么解脱，那样只会让你的生活更乱更糟，不如背着一卷行李去乡间住上两天，或者去郊区徒步旅行，在远离都市繁华和喧嚣的时候，你的心境说不定就突然间升华了。

安定的心灵土壤里滋生出慧根

来书云："夫子昨以良知为照心。窃谓良知，心之本体也。

照心，人所用功，乃戒慎恐惧之心也，犹思也。而遂以戒慎恐惧为良知，何欤（yú）？"

能戒慎恐惧者，是良知也。

来书云："先生又曰：'照心非动也。'岂以其循理而谓之静欤？'妄心亦照也。'岂以其良知未尝不在于其中，未尝不明于其中，而视听言动之不过则者皆天理欤？且既曰妄心，则在妄心可谓之照，而在照心则谓之妄矣。妄与息何异？今假妄之照以续至诚之无息，窃所未明，幸再启蒙。""照心非动"者，以其发于本体明觉之自然，而未尝有所动也。有所动即妄矣。"妄心亦照"者，以其本体明觉之自然者，未尝不在于其中，但有所动耳。无所动即照矣。无妄、无照，非以妄为照，以照为妄也。照心为照，妄心为妄，是犹有妄、有照也。有妄、有照，则犹二也，二则息矣。无妄、无照则不二，不二则不息矣。

——《传习录》

水只有静止的时候才会变成清水，水清，水面才可平静，才能观察到水底的物体。心也是如此，只有心安静的时候，才能生出智慧，才能发挥出本心的潜能。

王阳明在贵州龙场书院讲学的时候，冀元亨和蒋道林来到龙场。王阳明收到这两位得意学生，心中非常舒畅。有一天晚上，皎洁的月亮像玉盘

一样挂在空中，没有一点云层，月光将那银色的光辉尽情洒向高山、树林，远处的山峰树木清晰可见。此时夜已经很深，人们都进入了梦乡，就连野兽和鸟虫都停止了鸣叫，天地之间的那种空旷和寂寥让人的心平静如水。

一片荒芜的山谷之中有一间简陋的茅草屋，亮着一盏小油灯。在闪烁的灯光之中，有三个人正在这寂静的夜里不知疲倦地讨论学问。这三个人正是王阳明与他的两个心爱的学生。蒋道林问王阳明："先生，仁体的关键在哪里？"他从少年开始就尊崇儒家的修养之学，深知认识仁体是做学问的要害之处，但是却不知道从什么地方下手。他早年寻师访友，与很多佛、道等人士一起研讨修身养性之学，颇有心得，而近几年在龙场又苦苦修行，更是对人生大彻大悟，参透了心性的玄妙之处，所以他想得到老师的

指点。

听了学生的话，王阳明慢慢地回答道："要想认识仁之道，就必须从仁为何物说起。所谓仁者，乃是造化生生不息之理。它在宇宙天地之间，也就是说天下万物皆有仁体。仁也是一步步慢慢深入，然后才有固定的规律，才推动各种事物发展，所以世间万事万物才能够拥有生生不息的动力和源泉。在天地之间，这种生生不息无处不在，无物不有。古人所说的鸢飞鱼跃，水流花开，无处不是可见的天机。只要我们的心静下来，用心去观察，用心去体验，在任何事物中都可以看到生机勃勃的情况。"

当王阳明说到这里时，双眼凝望着窗外如水的月光，沉浸在一种悠远而神秘的境界之中，过了一会才缓缓地说："天地之间，自冬至极寒之时，阴阳开始慢慢转化，在极阴之中，开始有微阳慢慢生长。伺候阳气逐渐生长，等到慢慢增长到达六阳，盛极而衰，阳气便又开始向阴转化，这就是大自然生生造化的玄机。说到底，仁体也就是宇宙中万事万物的本能推动力，其中蕴含着独特而伟大的能量。"

王阳明跟学生们说，人类的意识因为具有善于联想、浮躁以及不稳定等诸多特性，所以对普通的人而言，是不可能改变意识的这些特质的。因为意识是由一个外在的"自我"所控制，我们为了这个"自我"产生喜、怒、哀、乐等种种情绪，最终成为了它的奴隶。而人们的这种喜、怒、哀、乐正好截断了大自然与内心相互沟通的桥梁，遮蔽了人们内心之中所存在的智慧和能量，让我们不能洞悉大自然的规律。而我们也就一味地去追求那些镜花水月一般的物欲，从此不能自拔。

想要认识仁体，就必须认识心灵本体的智慧。这种智慧就是让我们外在的意识停下来，让内在的心灵回归原本的纯净状态。在这种清明与纯净之中，我们内心深处才能够懂得如何待人接物，如何能把事情做好。想要

让心灵的土壤之中滋生出本有的智慧，那么在做任何一件事情的时候，都要学着尽量专注地去做，将全部精力集中到事情上面，等到注意力集中之后，便可以将各种思虑慢慢放下，让心慢慢沉静下来，达到一种忘掉自己、忘掉周围一切、物我两忘的状态，那么就可以让心灵之中的智慧尽情挥发出来。

第二辑

修炼内心，提升自己的最好途径

古人提倡“教化”，教是传授知识，化是养成品德。在古人看来，一个既有知识又有品德的人才能够被称为君子。修行的目的是陶冶心性，塑造全面而优良的素质。所以，修炼内心的强大需要学习。在王阳明看来，人的长进是对素质的自我培养，而培养得好坏，主要看是不是用心。

拿什么培养自己的素养

今人往往以歌诗、习礼为不切时务，此皆末俗庸鄙之见，乌足以知古人立教之意哉？

——《静心录》

在中国古代，一个读书人光会识字、会写文章是不行的，必须琴棋书画样样精通。读书人自然应以文章见长，那么学习这些“杂项”琴棋书画有什么意义呢？其意义就在于对自身素质的培养。

人应该注意培养自己的素质，对此王阳明曾经说过这样一句话：“今人往往以歌诗、习礼为不切时务，此皆末俗庸鄙之见，乌足以知古人立教之意哉？”这句话意思是说：“如今，人们常常认为咏诗习礼不合时宜。这种观点极其庸俗鄙陋，他们又岂能明白古人推行教育的本意。”

古人推行教育的本意是什么？在王阳明看来，就是对人素质的培养。古人要人做君子，因此就不能够只读书写字，还要涉猎其他方面，譬如文艺，以此来陶冶心性，塑造全面而优良的素质。

其实不仅仅是王阳明看到了这一点，我们今天的教育工作者们，对于素质教育不是也越来越重视了吗？那么，我们该如何培养优良的素质呢？在这一点上，王阳明在《启蒙之道》中早就给了我们答案。他说：

古时候的教育，讲授的是以人伦道德为内容，以后兴起了记诵词章的风气，因而先王的教育之义也就不存在了。现在教育学生，应该把孝、悌、忠、信、礼、义、廉、耻作为唯一的内容。有关教育的方法，应当通过咏诗唱歌来激发他们的志趣，引导他们学习礼仪，借以严肃他们的仪容；教导他们读书，借以开发他们的智力。一般而言，少年儿童的性情是爱嬉戏玩耍而讨厌约束，犹如草木刚萌芽，让它舒畅地生长就能迅速发育，以致枝繁叶茂；若对其摧残压抑，它们只会衰弱枯竭。

今天，对少年儿童实施教育，千万要使他们欢欣鼓舞，内心愉悦，他们的进步自不会停止。有如春天的和风细雨，滋润了花草树木，它们抽枝发芽，自会茁壮生长。若经过冰霜的侵袭冻结，其生气受到挫伤，只会逐渐枯萎。

所以，咏诗唱歌，不仅是为了激发他们的志趣，也是为了使他们在咏唱中发泄蹦跳呼喊的情绪，在抑扬顿挫的音节中抒发忧郁呆板的感情；引导他们学习礼仪，不仅是为了严肃他们的仪容，也是为了使他们在揖让叩拜中活动血脉，强筋健骨；教导他们读书，不仅是为了开发他们的智力，也是为了使他们在反复的钻研中修身养性，在抑扬的诵读中明确志向。这一切都是为了在他们的志向上因势利导，在性情中调理保养，通过潜移默化，消除他们的鄙吝和愚顽。这样，渐渐使他们的行为符合礼仪标准，但不感到难受，在不知不觉中性情达到合宜适中。这就是先王推行教育的深刻内涵。

近代那些教育儿童的人，每天只是督促学生句读和课

业练习，要求他们约束自己，而不知道以礼仪来诱导他们；只希望他们聪明灵巧，却不知道以善来培养他们；把犯错的学生当囚犯看待，只知道鞭打绳捆。如此，少年儿童只把学校当成监狱而不肯上学，把老师当成仇人而不想看到。于是，他们就借机逃学，以便嬉戏耍闹，撒谎捣蛋，以便能肆意顽皮，逐渐趋向轻薄下流。

如此，就在无意中驱使他们作恶，但又希望他们为善，二者只会抵触，岂能行得通？我的教学观点，其用意正在此处。我忧虑世人不理解，把我当成迂腐。再者，我即将离开此地，所以，我特地再三叮嘱，希望你们这些为人师表者，一定要理解我的用意，并永远遵守，不要因为世俗的言论而更改了我制订的规矩，这一切也许能起到“蒙以养正”的功效。千万谨记在心！

从上面这段话中，我们可以看到，对于如何培养人们优良素质的问题，王阳明着重提出了三条建议：知识教育、礼仪督导和性情培养。

知识教育毋庸置疑是非常重要的，人无知而无礼，心中有了知识，内心就自然而然会对他人对社会产生礼敬之念。

礼仪就是道德规范，儒家将君子做事要合乎礼，而王阳明在传授心学的时候，虽然提倡徒众解放心性，但同时也教导徒众要有礼。人的行动有礼仪做规范，就不会做出太出格的事情来。

最后，人的性情也很重要。人有什么样的思维，说什么样的话，做什么样的事，这些完全都是由心性来决定的。通过后天的培养让人的心性变得圆润而温和，那素质的问题就自然而然迎刃而解了。

不会自我调节，注定落后

日间工夫，觉纷扰则静坐，觉懒看书则且看书，是亦因病而药。

——《传习录》

世间之事纷繁复杂，如想成功必定要修炼自己的身心，纵观天下，无论是圣贤还是成功之士共同的特点，就是都可以面对任何事情进行自我调节，所谓“宠辱不惊，看庭前花开花落；去留无意，望天空云卷云舒”。

王阳明尽管出生在书香门第，用现在的话说算是正儿八经的富二代加官二代，但是他这一生却充满了坎坷，在通往圣贤的路上，命运并未曾因为他的出身而对他有一丁点的偏爱。13岁那年，王阳明的母亲郑氏去世，幼年丧母对于他来说实在是一个很大的挫折，但是王阳明并没有因此而萎靡不振，而是志存高远，早早地便立下了做圣贤之人的宏图大志。

一次王阳明问私塾先生：“何为人生第一等大事？”当塾师告诉他“读书登第”之时，他却说“登第”并不算是什么天下的首要大事，读书的目的不应该是“登第”，而应该是成为“圣贤”。塾师听后大为吃惊，而他的父亲听后一笑置之，觉得这是小孩子的一时笑言罢了，当不得真。但是王阳明这一生无论走到哪里，无论身处何种境地，都以圣贤之路为中心，最终成为我国历史上一代圣贤。

在明朝的时候，科举是莘莘学子进入仕途的唯一道路，除此之外并没有第二条路可以选择，所以天下所有的读书人都以科举考试为一生的目标。

王阳明尽管天资聪明，在仕途之路上却并没有那么顺利。从 20 岁开始他就走上了科举考试的独木桥，可是很不幸，自从 21 岁通过乡试成为举人之后，从此接连失利，一直到 1499 年才得以进士及第。

22 岁的时候，王阳阳进士没有考中，当时的内阁首辅李东阳便取笑他道 :“你这次虽然没有中状元，但是下次科举一定会中状元，不妨试一试为下次科举中状元作个状元赋吧！”如果换成其他人，面对如此的羞辱之举或许会恼羞成怒，但是王阳明一脸坦然，挥笔完成了状元赋。“世以不得第为耻，吾以不得第动心为耻。”这就是他面对科举考试落第的态度。不要说在明朝了，就算是现代人，也极少有人可以从容面对高考落榜的不幸吧。

对于王阳明而言，无论是科举高中还是落第并不是最重要的，重要的是无论哪种结果只要因结果而动心才是一种耻辱。王阳明认为，科举考试的失败与否并不能称得上是真正的失败，但因为失败带给人的那种挫折感而直接导致人内心中的苦闷与烦恼才算是真正的失败。对于一个人来讲，如果不经历失败，如果不经历磨难，很难悟到人生中的那些道理，王阳明在将近十年的科举考试之路中并不是将科举作为自己的目标，而是不断进行自我调节，始终按照个人的理想发展才能，增长知识，这为他后来的圣贤之路奠定了基础。

正德二年，也就是 1507 年的春天，王阳明因为得罪了当时的宦官刘瑾而被流放到贵州龙场做驿丞。驿丞在现在来说就是地方的一个小招待所而已，这也意味着王阳明被除去了所有的官职，这对于他而言已经是很不幸了，但是更为不幸的是，他所流放的贵州龙场地处偏远。据资料记载，龙场所处的地方漫山遍野都是荆棘，那里不仅瘴疠肆虐，而且毒蛇野兽遍地，生存在那里对于来自京都的人而言可谓是九死一生。

龙场位于贵州的西北地区，那里居住的都是少数民族，少有汉人，就算是能遇到一两个汉人，不是逃犯就是杀人狂徒，所以被贬到龙场无异于一场生死浩劫。王阳明几经磨难到达龙场之后，却发现自己竟然连一个居住的地方都没有，没有办法，他只有与手下的弟兄顾不上旅途的辛劳立刻动手搭建草棚。如此恶劣的环境对于一个官二代和富二代来说，不仅仅是一种生死考验，更是一种内心与精神的残酷折磨。

孟子早就说过："天将降大任于斯人也，必先苦其心志，劳其筋骨，饿其体肤，空乏其身，行拂乱其所为，所以动心忍性，增益其所不能。"大概一个人真正经历了生死考验才能领悟一些做人的道理。对于王阳明而言，此时此景他早已经别无选择。

要么郁郁而终在这荒山野岭，要么振作起来咬牙坚持，王阳明将孟子的那句话每天在心里默念数遍，他想象如果是圣贤之人在这样的环境又该如何自处，如此一来，他便在这穷山恶水之中超然物外，还为自己打造了一副石棺，日日在里边静坐参究，渐渐觉得胸中豁然，将眼前的生死荣辱以及个人得失都抛到了九霄云外，终于在一天恍然大悟，心中一下子亮堂了起来，原来"圣人之道，吾性自足"。

不要阻塞了修行的大道

心之理无穷尽，原是一个渊，只为私欲窒塞，则渊之本体失了。如今念念致良知，将此障碍窒塞一齐去尽，则本体已复，便是天渊了。

——《传习录》

有句话说："学得越多，越发现自己什么也不明白。"这句话是什么意思呢？就是说人知道得越多，越能了解世间知识的广博，进而明白自己的无知。

然而话虽这样说，但真正能够因为知道得多而知道自己无知的人却凤毛麟角。在社会上，我们见到更多的是有了一点知识便自以为无所不通，进而不思进取的人。

王阳明说："心之理无穷尽，原是一个渊，只为私欲窒塞，则渊之本体失了。如今念念致良知，将此障碍窒塞一齐去尽，则本体已复，便是天渊了。"在王阳明看来，人一旦到了这样的境界，就如同内心被阻塞了一样，对人生是没有一点好处的。王阳明把心比作是天一样广博的深渊，广博到世间万物无不能被它所包容，然而有些人的心却被私欲所蒙蔽，进而也就让心失去了它本应该有的包容，从此便再也没有接受的能力了。

王阳明这话对不对呢？我们必须说这是对的。在历史中，我们经常能够看到一些人，他们饱学多识，以学问闻名于世。然而在取得了一定的名声之后，他们慢慢开始自傲起来，觉得世间"莫己若者"，进而排斥、打压

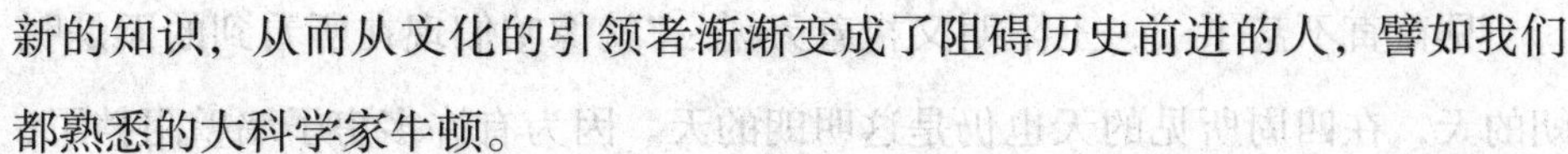

新的知识，从而从文化的引领者渐渐变成了阻碍历史前进的人，譬如我们都熟悉的大科学家牛顿。

毋庸置疑，牛顿是17世纪英国乃至于世界最伟大的科学家，他发现的三大力学定律是很多学科的基础，而他对于数学、天文学也有其突出的成就。因为学识渊博且成就令人瞩目，牛顿在中年的时候便已经享誉欧洲，并被英国王室封为爵士，成为英国人心目中的偶像。

然而在取得了这些成就之后，牛顿那颗原本闪烁着智慧光芒的心渐渐开始蒙尘了。晚年的牛顿将大把的精力放在炼金术上，并且打压在科学界有所成就的后辈，这一切都给牛顿这个伟大的名字蒙上了阴影。

牛顿为什么沉迷于炼金术，人们猜想是出于对金钱的渴望，而打压科学界的后辈，那恐怕就是出于名声了，他不想有人超过自己。可以说，名和利最终堵住了牛顿的心，让晚年的牛顿不再能够接受任何新的东西，而一旦接受不了新事物，晚年的牛顿便再也创造不出什么了。

由此可见，无论是知识也好，其他方面也罢，人要想让自己获得更多，就要抛开心中的杂念，把心敞开，也就是上面王阳明所说的“念念致良知，将此障碍窒塞一齐去尽”。王阳明的这番话是在什么背景之下说的呢？

王阳明的学生黄直向他提问有关于格物致知的问题。黄直问：“先生，格物致知的主张，是随时格物以致其知。那么，这个知就是部分的知，而非全体的知，又岂能达到‘博博如天，渊泉如渊’的境界？”

对于这个问题，王阳明回答说：“人心是天渊。心的本体无所不容，本来就是一个天，只是被私欲蒙蔽，天的本来面貌才失落了。心中的理没有止境，本来就是一个渊，只是被私欲窒塞，渊的本来面貌才失落了。如今，一念不忘致良知，把蒙蔽和窒塞统统荡涤干净，心的本体就能恢复，心就又是天渊了。”

见黄直不甚了了，王阳明又指着天说："就像咱们现在所看到的天是明朗的天，在四周所见的天也仍是这明朗的天。因为有许多房子墙壁阻挡了，就看不到天的全貌。若将房子墙壁全部拆除，就总是一个天了。不能以为眼前的天是明朗的天，而外面的天就不是明朗的天了。从此处可以看出，部分的知也就是全体的知，全体的知也就是部分的知。知的本体始终是一个。"

从王阳明的话里，我们能够品味出他对于内心的看重。王阳明对弟子的教诲，本意是要让弟子从内心入手。他教导弟子要净空天渊，就是把心灵的种种私欲通通清理干净，须知"私"使人狭隘，"欲"使人浮躁，一个既狭隘又浮躁的人，自然是什么也装不下什么也学不会的。

我们要向王阳明学习的就是切忌偏私，不能因为内心的自傲、自卑、自满而阻断了我们的学习之路。

要有消化知识的能力

只要解心。心明白，书自然融会。若心上不通，只要书上文义通，却自生意见。

——《传习录》

要成为有卓越成就的人物，就必须接受大量的知识。但仅仅记住这些知识是没用的，关键还要能消化它们，将其转化为自己的营养。王阳明是怎样做的呢？

一天，于中等人陪侍王阳明一同进餐，王阳明说："饮食就是为了滋养我的身体，吃了要消化；假如仅仅是积在肚里，就成消化不良的痞病了，如何能促进身体的生长？后世的学者博闻强记，只是把知识积存在胸中，这都是食而不化的毛病。"

我们往往以为做学问就是要从外界大量吸收广博的知识，殊不知，如果不能运用，虽然肚子里装了一大堆东西，却毫无益处，反而会因此得病。

在王阳明看来，学习广博的知识并不是最重要的，最重要的是要有进行"消化"的能力，也就是能根据具体情况对知识进行灵活运用的能力，否则就会出现消化不良的毛病。

在现实生活中，很多人也有这种困惑，他们学了很多专业，懂得很多知识，但到了实际运用的时候，却屡屡碰壁，做什么事都难逃失败的厄运。不少人都有这样的疑问：不是说知识改变命运吗？为什么自己有这么多知识，还不能改变命运呢？这是因为书籍上所记载的知识并不等于是自己的学问，更不是自己的智慧。陆游的诗说得好：“纸上得来终觉浅，绝知此事要躬行。”从书本中得到的知识是很肤浅的，要真正掌握某件事，必须切切实实地去实践才行。

可以说，能背诵一些知识不是我们的目的。通过阅读和记忆，每个人都能够将许多知识存入自己的头脑中，但要将知识转化为智慧为我所用，必须运用另一种独特而神奇的工具——思考。学习用“心”思考，让知识化为智慧融入自己的心中，这才是真正的目的。

王阳明后来教学，并不要求学生在知识上求解，只要求做切身功夫，求真实体验。

有一次，他问学生九川：“于‘致知’之说体验如何？”

九川说：“自觉不同往时，操持常不得恰好处，此乃是恰到好处。”

王阳明说：“可知是体来的与听讲不同。我初与讲时，知尔只是忽易，未有滋味。只这个要妙，再体到深处，日见不同，是无穷尽的。”

九川说：“此功夫却于心上体验明白，只解书不通。”

王阳明说：“只要解心。心明白，书自然融会。若心上不通，只要书上文义通，却自生意见。”

王阳明的“心明白，书自然融会”，并非夸张。一个人若开悟了，往往一理通、百理通，书上原先不懂的，如今一看就明白，心领神会，化为自己的智慧。

不但读书如此，学习其他事情也是一样。在刚开始都要很专注地刻意去学去做。当初步掌握其基本原理后，需要进一步学习，慢慢在心里琢磨其中的内在规律，将这些知识输入到潜意识中去揣摩、体会……随着揣摩、体会的深入，逐渐进入忘物忘我的境界，这时所学的事似乎已经消失了，心中已没有这件事的存在，但却能随心意、恰到好处地去做它，其实，世上的一切事情都是这样在“无心”中做成的。

如果一个人仅满足于用头脑去死记一些知识，以为这样便能灵活运用，那他就错了。因为头脑的特点是善于分别、计较，运用贮存在这里的知识时，就会经常处于散乱和冲突之中，而当他面临一件具体的事情时，就会一筹莫展，不懂得从哪里下手。

只有当他不是用头脑，而是用心去运用那些知识时，思想才能保持安定。再去做事情就能保持冷静的洞察力，方向就会明确，做什么都能符合客观规律，这样就容易成功了。

当你得了某个道理，又能不被这个道理所束缚，保持一种空虚无物、活泼灵动的境界，这时你才能既不拘泥于所学到的知识经验，又能随心所欲地发挥那些知识经验的作用，洞悉一切规律，将知识化为一种本能的智慧，从而从心里自然而然地将它们发挥出来。

修行先学会让心安静下来

纷杂思虑，亦强禁绝不得，只就思虑萌动处省察克治，到天理精明后，有个物各付物的意思，自然精专，无纷杂之念；《大学》所谓“知止而后有定也”。

——《传习录》

关于求静和安心这个话题，王阳明的弟子孟源曾经向老师讨教，说他自己在静坐的时候总是天马行空地乱想，内心一刻也安静不下来，尽管试过很多方法，却一点效果都没有。王阳明回答说：“纷杂思虑，亦强禁绝不得，只就思虑萌动处省察克治，到天理精明后，有个物各付物的意思，自然精专，无纷杂之念；《大学》所谓‘知止而后有定也’。”

这段话的意思是：人要想把脑子里的杂乱念头彻底根除是不可能的，只有找到催生出这些杂乱念头的根源，然后进行省察克治，这样才能消除乱七八糟的欲念，心才能安静下来。《大学》所说的“知止而后定”就是这个道理。

让心安静下来，是一门修行功夫。据记载，王阳明能够做到静心，在于他采用了一种独特的方法——静坐。静坐是佛家追求的一种深度思考的方法和境界，也是王阳明在心学中倡导的提升个人定力的手段。当然，静坐本身没有特别的意义，但是这种修炼可以让一个人学会安静地面对自己。因为只有在排除杂念之后才能更加纯粹地直面内心，才能进入忘我的状态。

王阳明被贬谪到龙场之后，就修炼了静坐的动力。只要一有时间，他就会端端正正地坐下来，闭上眼睛进入到冥想的状态。当然，他的这种静坐并非是照搬照抄佛、道两家的禅坐和坐忘，而是被有选择地吸纳到心学的体系中。作为儒家门派的知识分子又兼得佛、道两家真传的王阳明，一直在静坐中寻找通往内心巅峰的状态。

某一日，王阳明像往常那样安静地打坐，忽然，他像是被电击了似的从冥想的状态中一跃而起，发出了异常刺耳的声音。这种怪叫让他的跟班误以为是野兽闯了进来，于是拿着棍棒气势汹汹地冲了进来。结果却看见王阳明一路小跑地钻出了山洞，在原地猛转了几圈之后再次静坐下来，口中则念叨："是了，是了，圣人之道，吾性自足。"

王阳明这一次静坐，被后人描述为"龙场悟道"。他之所以能够做到这种近乎于神人才能实现的事情，在于他消除了一切杂念的干扰，让心里不再牵挂任何东西，也不再受到任何外物的影响，这才能够以一颗自由之心让自己瞬间上升到一个崭新的境界。由此可见，龙场悟道虽然听来神乎其

神，但是这并非是上天赐给王阳明的，而是他平时进行修炼的必然结果。

一直以来，王阳明对静坐这种认知内心的方法十分推崇，他认为这是让自己得到人生快乐的方法之一。生在党争不断、内忧外患、昏君无道的大明王朝，即使是大师级别的他也难免会感到一些不安，所以就用静坐之法。王阳明还建议弟子们“觉纷扰，则静坐。”意思就是告诉弟子们，闭目养神就会渐渐隔离开外界的喧嚷，从而发现内心更为美好的东西。换句话说，只有通过练习静坐才能更好地认识自我和感悟人生，甚至还能医治内心深处的伤害，激发出自己的潜在智慧。打个比方，当一泊清澈的湖水被惊起阵阵波澜的时候，视力再好的人也看不清湖底；当湖面安静下来的时候，你才能发现水底原来别有洞天。所以，静坐也好，养心也好，都是人生中的一种修炼方式，对生活在越来越压抑和窒息的社会中的人们是非常有必要的。

我们生活的世界杂乱纷繁，在这样的环境里，要想保持内心的安静，我们需要练就一项“绝学”——“静坐”。其实，静坐仅是个形式，我们所求的是心安。

从内心摆脱修行的羁绊

好色则一心在好色上，好货则一心在好货上，可以为主一乎？是所谓逐物，非主一也。主一是专主一个天理。

——《传习录》

王阳明也强调“专注”二字，这一点我们可以从他与弟子的对话中看出。

一日，弟子陆澄问老师：“主一之功，如读书则一心在读书上，接客则一心在接客上，可以为主一乎？”王阳明回答：“好色则一心在好色上，好货则一心在好货上，可以为主一乎？是所谓逐物，非主一也。主一是专主一个天理。”

陆澄问王阳明，读书则一心用在读书上，待客则一心用在待客上，这称得上“专注”二字吗？王阳明说，一心好色和一心贪财，称得上是“专注”吗？这些所谓的“专注”只是追逐事物，而不是“专心致志”，真正的专心致志是一门心思专注于天理。

从前，在一个寺庙中，有一位和尚已经修行了很久，却仍未得道。原因就是他贪吃贪喝。别人吃一钵饭就够了，可是他总觉得不够，吃了还想再吃。有时明明已经吃不下去了，还要向别人要。眼见比他晚进来的师弟们都一个个得道了，而他却没有什么长进。于是他很苦恼地请教住持：“师父啊！为什么我这么认真刻苦地修习佛法，却一直没有得道呢？”

住持回答说："正是因为你贪吃，所以一直没有得道。不用着急。这样吧，明天我为你准备一餐饭，等你吃完后我再告诉你到底怎样才能得道。"

第二天一大早，这个和尚便急忙赶到住持那里。住持看见他来了，就端出满满一钵的小米粥，旁边还放着一个空盆。钵里的粥不断冒出热气，还散发出一阵阵诱人的香味，看得出来是刚做好的。

住持说："你一大早就赶来了，应该还没吃早饭吧。这一钵小米粥归你了。你可以把它吃得精光，吃得像旁边的空盆一样。不过，这是刚做好的小米粥，要等它稍微冷一点儿之后你才能吃，要不会很烫的！"

和尚一闻到小米粥的香味就控制不住自己，很想马上把它喝掉，免得一会儿有人来分享。于是，他低下头对着那钵热腾腾的小米粥使劲儿吹着，想让粥快点冷下来。

刚吹了一会儿，他就急着问住持："这粥已经冷了，我可以吃了吧？"

住持盯着他说："小米粥就算被你吹冷了，可是你的心还是热的。你应该把粥看作是不干净的东西或

者是一碗清水，这样你才能使自己的心冷却下来。”

和尚茫然地听着住持的话，似乎听懂了些什么，可是还是迫不及待地端起钵，开始喝小米粥。结果小米粥太烫，他不得不吐出来，刚好吐在面前那个空盆中。

这时，住持指着他刚吐出来的小米粥对他说：“你现在再把它吃掉。”

和尚惊讶地回答说：“吐出来的，已经是不干净的东西了，怎么能再吃下去呢？”

这时候住持便对他说：“只要你把一切食物看作是别人的鼻涕或呕吐物，你的心自然会清净下来。内心清净才能深入了解佛法要义，才能修得正道啊！”

和尚顿时恍然大悟，马上改掉了贪吃的恶习，刻苦用功，后来果然进步神速，不久就修成了正果。

犹如王阳明所说：“如果我们破除一切执着尘劳，丢掉身外乱性的贪婪和物欲，找回自己，这样就能获得身心的自然安宁，惬意、舒适、安逸、幸福的生活也随之而来。”

王阳明常教导弟子们在学习时要认真，要用心，绝不能懈怠、懒惰。弟子都遵从老师的吩咐，勤奋修行，很多弟子因此学有所成，成为一代名家。

佛学中的故事意在告诉人们，人在完善自己的时候一定要专心，稍有杂念，可能就不会得到自己想要的结果。王阳明把尘世中的杂念看成是个人修行的障碍，是完善自己的羁绊，因此告诫人们修行要专心专一，心无旁骛。

给自己注入一份信心

始信心非明镜台，须知明镜亦尘埃；人人有个圆圈在，莫向蒲团坐死灰。

——《江西诗·书汪进之太极岩二首其二》

王阳明是一个很有气场的人。很多时候，在他身上仿佛有一种无形的能量和磁力，把许多人吸引到他身边来。更为奇特的是，在一些独特的场合，这种气场，会有意无意地“迫使”别人认同他的意见。王阳明的气场到底源于何处呢？

在虔州时，王阳明曾和弟子于中、九川一起探讨学问。他对弟子们说道：“每个人心中都有个圣人，但许多人因为自信心不够，自己把圣人湮没了。”然后，王阳明指着弟子于中说道：“你心中本来有圣人。”于中慌忙站起来表示不敢当。王阳明却说：“这是你本来就有的东西，你为什么要推辞呢？”于中口说：“不敢。”仍旧推辞。王阳明又说：“这是大家都有的东西，又不只是你于中一人才有，为什么谦让呢？这可是不能谦让的啊。”听完这番话，于中才笑着接受了。

于中不敢接受“胸中本来有圣人”的事实，根源在于他不自信。在王阳明看来，每个人都是神圣而伟大的，内心中都有一个圣人般完美的自我；每个人都是天地间的一个奇迹，只是由于我们不能相信自己，致使这个“真正自我”的智慧和能力，即王阳明所说的“圣人”被埋没了。

虽然“真正自我”远比现实中的自我更优秀、更有智慧、更有能力，但我们自出生以来，受各种负面因素影响太深，使得真正的自我被遮蔽了，我们看到的通常是不完善的自我，有很多的缺点。诸如心胸太狭窄，受到别人一点冒犯，便会暴跳如雷；遇到些许挫折，就会自暴自弃；生性懒惰，做事拖拉；意志不坚定，易受外界环境干扰。绝大多数人都有一种天生的自卑感，认为自己能力欠缺、智商不高、不够优秀、不如别人。

即便我们从小到大听过长辈无数次的教诲：“要对自己有信心，要自信”，可在关键时刻，我们还是会不由自主地怀疑自己：“我可以吗？我真的行吗？”在这些自我怀疑中，机遇一闪而过，于是我们又懊恼地抱怨：“如果当初坚持自己的看法就好了，自己明明是对的呀！”

由此可见，我们是多么需要信心这种力量。信心是内心强大的力量，是来自生命力的不屈不挠的韧性。孔子曾说：“仁者不忧，智者不惑，勇者不惧”，能做到不忧、不惑、不惧的人，内心必然拥有强大的力量。因此他们才能不看重外在世界的纷繁变化，不在意个人利益的得与失，保持内心的强大与坦然，独立傲然于世间。

世界著名的交响乐指

挥家小泽征尔就是靠着强大的信心一举成名的。

在一次世界级优秀指挥家大赛的决赛中，小泽征尔按照评委会给出的乐谱指挥演奏。在演奏过程中他敏锐地发现了不和谐的声音，起初，他以为是乐队演奏出了问题，就停下来重新指挥，但还是不对。再次考虑后，他觉得是乐谱有问题，于是向评委会提出自己的看法。这时，在场的作曲家和评委会的权威人士无一例外地坚持说乐谱绝对没有问题，是他错了。面对众多音乐大师和权威人士，小泽征尔思考再三，最后斩钉截铁地大声说：“不！一定是乐谱错了！”话音刚落，评委席上的评委们立即站起来，对他报以热烈的掌声并不住地赞叹，祝贺他赢得了整场比赛。

原来，这是评委们精心设计的“圈套”，以此来检验指挥家在发现乐谱错误并遭到权威人士集体否定的情况下，能否坚持自己的正确主张，而不被权威言论干扰。前两位参加决赛的指挥家虽然也发现了错误，但终因不相信自己的想法而附和权威们的意见被淘汰。小泽征尔正因充满自信而摘取了世界指挥家大赛的桂冠。

许多人之所以做不到最优秀的自己，是因为他们对自己没有信心，缺少敢于担当的勇气，他们漫无目的地四处寻找别人的优点，而忽略了发掘自己最优秀的一面，一再地否定自己，也就失去了成为最优秀的自己的机会。正如萧伯纳所说：“有信心的人，可以化渺小为伟大，化平庸为神奇。”

我们要相信自己的人生有着无限的可能，要相信内心有一种神圣力量的存在，尽力挖掘内在的潜力，才有可能达到应有的人生高度。内心拥有强大的力量，是走向成功、快乐、幸福的保证。

如何区分良知与私欲

君子之学以明其心。

——《静心录之九 · 别黄宗贤归天台序》

君子做学问是为了明心见性，是为了去除私欲，让心灵得以平静，只有这样，做事才能做好，才可以区分什么是私欲，什么是良知。

王阳明平息了宁王反叛之后，皇帝朱厚照却依然坚持御驾亲征。这个皇帝难道是脑子进水了，王阳明都将宁王抓住了，而且已经押解到南京附近了，御驾亲征还有什么意义？原来这个昏庸的皇帝换上军装，将所有俘虏都放了出来，然后一声令下，让手下的将士将这些俘虏又抓了一次，重新装进囚车。接着皇帝装作凯旋的样子，向南京出发。如果说闹剧到这里结束，那你就想错了，皇帝想将宁王朱宸濠在鄱阳湖释放，然后再将其抓起来，好让天下人以为平定叛乱都是他的功劳。

荒唐的皇帝在南京没有玩尽兴，哪里肯回到京城。但是他没有想到王阳明在南昌促成了部队的撤离，大家觉得这是王阳明在跟皇帝争功，其实他哪里是争功，朱宸濠的反叛部队没有全部被歼灭，他只能如此。但是皇帝周边的人却不这么说，他们纷纷在皇帝朱厚照面前说，王阳明原本就是朱宸濠的同伙，在江西他有自己的部队，迫不得已才把朱宸濠抓了起来。如果不相信，可以让王阳明来南京面圣。王阳明没办法立刻赶往南京，张忠派人在半路阻拦，导致王阳明在芜湖耽误了半月之久。

王阳明此时真的是失望到了极点，他冒死平息宁王叛乱，结果却被小人诬陷，国家发展到这个地步，还有什么前途，于是他干脆去了九华山，继续自己的学道之路。心情低落，路上的风景自然也就无心去欣赏。王阳明到了九华山，安静打坐，但依然找不到心灵之中的平静。一个国家有奸臣就会有忠臣，就像这世界有小人就有君子一样。张永在这关键的时刻对朱厚照说，王阳明在国家危难之时挺身而出，如今这样对他，将来国家再有危难，谁又能站出来担当呢？皇帝闻言觉得也有道理，便命令王阳明回到江西。

王阳明从九华山返回南昌，多次举行阅兵仪式，因为他预料到在皇帝身边的这些小人总有一天会对皇帝下手。第二年的六月份，皇帝朱厚照在南京的牛头山失去了踪影，侍卫们折腾了整整一夜，有人就传言说是江彬想要谋反。王阳明赶到九江，立刻集结军队操练。皇帝失踪了，他却操练兵马，此时流言诬陷四起，而他的学生也不明白王阳明为什么此时阅兵。就在这个关键时刻，江彬也派人前来悄悄地打探他的行动。

面对流言蜚语，面对诽谤，王阳明一脸坦然地对学生说，你们去读书吧，在南昌身边都是小人，我的心坦坦荡荡有什么可避嫌的？江彬本是边将出身，王阳明这样做自然是为了防止江彬发动兵变，而这些道理其他人

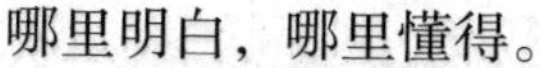
哪里明白，哪里懂得。

如果说王阳明在这些流言蜚语与妄加诽谤面前没有乱心，或许也不可能，尽管他是圣贤之人，但是圣贤之人也是人，是人就会有私欲，不然他也不必去九华山隐遁修道。但是王阳明就是王阳明，他做事总有一番道理，他处事也总有一番自己的思虑，如若换作别人可能早就被昏庸的皇帝气得七窍生烟，踩脚而去，从此也绝不会再过问国家的任何事情。但是王阳明不仅有着别人无法拥有的大智大勇，他将自己的私欲、自己的情感置之度外，以国家前途为己任，做着自己该做的事情。

做减法，摆脱内心的桎梏

人生达命自洒落。

——《啾啾吟》

人只有在事情上方可磨炼自己的心性，才能摆脱掉内心的那些羁绊，才能在面对各种困难时淡然自处。

王阳明出生在书香门第，从小就饱读诗书，在贵州龙场他想到《中庸》的一句话：君子素其位而行，不愿乎其外。素富贵，行乎富贵、素贫贱，行乎贫贱；素夷狄，行乎夷狄；素患难，行乎患难。君子无入而不自得焉。古人那种随遇而安的洒脱是王阳明非常向往的，只是他永远都没有想到，老天爷竟然和他开了这么一个大大的玩笑，让他在京城享受了三年锦衣玉食的生活之后，来到龙场这个真正的夷狄之地，历尽千辛万苦与磨难，亲身体验此生难以忘记的人生境界。

到了龙场，那个昔日被学生崇拜的王大人已经被剥夺了一切官职。在这里，他除了一颗虔诚的学习圣贤的心以及立志弘道的决心之外，再也没有什么可以依靠了。理想和信念永远都有着难以想象的力量，人有了这样的一颗心就足够了。王阳明面对恶劣的生存环境，一直思考古代圣贤之人那种“无入而不自得”的心境究竟是如何练就的，而这种随遇而安的洒脱也成了此时他生命之中的追求。

生存环境尽管恶劣到无法想象，但是人已经来了，就必须面对，就算是想逃都无处可逃了，与其挣扎，与其陷入悲苦，不如将心放下，坦然接受，用淡然的心态去应对。自此，王阳明摒弃掉了那些不切实际的幻想，用自己的行动开始了对这种艰难困苦的探索之旅。没有房子，那就住茅草屋，住山洞。没有蔬菜和粮食，那就自己开荒种地，自力更生。如果真的没米下锅，那就去树林里找野果子，挖野菜充饥。总之，他用自己的努力，去体验着前人所记录的那种境界。

随从生病了，王阳明就将所有家务统统包揽下来，烧水、做饭、砍柴、提水，对随从无微不至地照顾。以前那个风生水起的王大人在龙场变为了仆人的保姆。客居荒芜之地，随从们缺衣少食，而且要忍受着思乡的痛苦，心情自然会变得异常郁闷，病体更是难以康复。这种情况下，王阳明不仅担当保姆，更让自己扮演了一个逗乐的演员。他演小品、唱民歌、讲故事，想尽一切办法逗所有人开心。儒家说，培养人才的最高境界，那就是“不器”。所谓“不器”，其实就是不拘一格造人才。儒家认为，人只要打通了通往心灵的那一个关节，无论在什么环境之中，做什么事情，都可以适应，都可以将事情做好。往昔的王阳明熟读兵法，既可以骑马打仗，百步穿杨，又可以拿笔写文章，而书法更是运用自如，可以说是文武全才。而在这龙场的荒芜之地，他扛起锄头就能种菜，进了厨房就能烧菜做饭，什么演员，什么音乐，这一切对他来讲都是小菜一碟了。

儒家说理想的人才应该是全才，那王阳明先生因为机缘巧合，在龙场这艰苦的环境中，终于达到了这样高的境界。但是古往今来圣贤也都是肉身凡胎，王阳明整日在这些琐碎之中忙碌，也会有感叹命运不公平的时候，也有想发无明之火的时候。他想到自己为了朝廷，一篇上疏竟然让自己落得如此田地，受尽这非人的折磨，天理又何在？

王阳明在这种想不通理还乱的情况之下，便问自己：“如果是圣人在这种艰苦的环境之中，又该有什么样的想法，又该如何去做？”通过这样的思索，他终于领悟到了一个可以迅速改变心境的好办法，那就是古人所说的“以心印心”的智慧。这种智慧其实就是利用人内心中的主观能动性，将积极的正能量传送到心中，做一种减法运动，让心中的那些畏惧、愤恨等负面因素消失在九霄云外，从而改变心境，脱胎换骨。

俗话说，榜样的力量是无穷的。王阳明在龙场艰苦的环境之中，亲身体验圣人那种内心的境界和在痛苦之中的信念。他发现改变心境就在自己的一念之间，细想榜样人物在某种境界下的执着的心境和乐观的心态，从而去模仿榜样们的做法和信念，在与环境对抗之中，就可以不知不觉地获得与圣贤之人相同的信念和处世方法。

孟子说，先立乎其大者，则其小者不能夺也。意思就是心中有了远大的目标，而那些次要的事情以及环境就不能打动自己那颗坚定的心。流放到荒芜之地，王阳明的心中也有落魄、无奈的诸多烦扰，但是他无时无刻都将让自己成为圣人的志向放在心中，他将这恶劣的环境看作圣贤之路上的一种修炼，让自己突破内心的厚茧，成为人们心中的圣人。

心力坚韧，才能冲破种种阻碍

王阳明说过："某于良知之说，从百死千难中得来……"意思就是说，他之所以能成就"心学"之说，也是经历了无数的磨难。王阳明十分推崇心力的作用，在他看来，一个人能成事，首先要有一颗成事的心，这样才能冲破种种阻碍，达到自己的目的。一个人内心的强大，才能带来事业的强大。

成功要经得住磨炼

人须在事上磨炼做功夫乃有益。若只好静，遇事便乱，终无长进。

——《传习录》

王阳明说：人须在事上磨炼做功夫乃有益。“若只好静，遇事便乱，终无长进。”这句话其实就是要人在平时多经历磨炼的意思。“只好静”是说一个人不愿意经历磨难，一个人不愿意经历磨难会怎么样呢？那就是“遇事便乱，终无长进”，遇到事情便不知所措，这样的人生终究不会有什么成就。

凡是有志于做大事的人，就不要怕磨炼。因为没有磨炼，就没有成长；经历的磨炼越多，成长也就越快。在人生的道路上，我们总不免被人误解、质疑、否定，这些其实都是人生对我们的磨炼。在这些面前，有些人选择了沉沦，有些人则选择了坚持。选择沉沦的人很可能会就此平庸下去，而选择接受磨炼、完善自我的人，则在磨炼中锻炼了意志，找寻到了真正的自我。

其实成功的人生就是一个不断找寻自我的过程，因为很多人在年轻的时候都拥有很美好的理想。但因为各种原因，这些拥有理想的人不断地掉队、迷路，这时，只有那些能重新返回原来道路上的人才能够成为真正的成功者。

磨炼是人生的压力，但同时也是动力，因为它在让人沉沦的同时，也让那些坚强的人更加清醒。因此一个人在迈向成功的过程中，是需要不断磨炼自己的。

鹰是世界上寿命最长的鸟类，可达70岁。要活那么长的时间，它在“中年”的时候必须做出一项困难的决定。这时，它的喙变得又长又弯，几乎碰到胸脯；它的爪子开始老化，无法有效地捕捉猎物；它的羽毛长得又浓又厚，翅膀变得十分沉重，使得飞翔十分吃力。此时的鹰只有两种选择：要么等死，要么蜕变。

蜕变是一个极其痛苦的过程。鹰首先用它的喙击打岩石，直到其完全脱落，然后用新长出的喙，把爪子上老化的趾甲一根一根拔掉。当新的趾甲长出来后，鹰便用新的趾甲把身上的羽毛一根一根拔掉，以便新的羽毛可以长出来，使其再次翱翔。

将其原本引以为傲的利爪一根根拔掉，哪怕

鲜血一滴滴洒落，这需要多么大的决心和毅力。这是一次全面的自我磨炼，是对于美好事物或者说再次重生的勇敢而无畏的追求，是将自己引入成功的道路上必须经历的痛苦。

我们也看到，古往今来有很多平庸者，他们的智慧不可谓不高，志向不可谓不大，但最终却沦为平庸，这是为什么呢？就是因为他们没有看到经历磨炼的重要性。

王阳明的弟子曾问他这样一个问题："在静坐思考时，就能感觉到此心正在收敛。但若有事情发生就会间断，马上就起个念头到所遇的事上去省察。待事情过去后回头寻找原来的功夫，依然觉得有内外之分，始终不能打成一片，这是什么原因？"

王阳明说："这是因为对格物的理解还不够深刻。心怎会有内外？正如你现在在这里讨论，岂会还有一个心在里面照管着？一心听讲的心和说话的心就是静坐时的心。功夫是一贯的，哪里需要另起一个念头？人必须在事上磨炼，在事上用功才会有帮助。若只爱静，遇事就会慌乱，始终不会进步。静时的功夫，表面看是收敛，实际上却是放纵沉沦。"

上面的一番对话，王阳明是以委婉的语气批评自己的学生，只重视思考，而忽略了历练。在今天，我们没有王阳明这样的好老师，但我们却能够当自己的老师；没有王阳明的督促，我们却可以督促自己在磨炼中自我成长。

千里马不会生在庭院里

人须在事上磨炼做功夫，乃有益。

——《传习录》

无论做什么，人都必须在事情上多多磨炼自己才能受益。如果只是想着停留在安逸舒适的环境中，不在复杂的环境中去磨炼，那么遇到事情就会慌乱，最终不会成功。

青年时期的王阳明并不是一个安分守己的孩子，他志向高远，不受传统私塾教育的束缚，在15岁那年便突然离开，家人四处寻找，终不得踪迹。王阳明的父亲知道自己这个另类儿子喜欢玩，也就没有当作一回事。果然一个月之后，王阳明一身侠客打扮回到家中。原来当时正值明朝灭了元朝，但是蒙古的一些势力一直在北方对明朝边界进行骚扰，不仅侵犯了甘州，而且明朝领将还在对战中丧生。王阳明觉得圣人就应该保卫国家，保卫边境，不能让人民受到外敌的欺负，所以一个人索性去了边关进行考察。

居庸关是大明朝抵御北方入侵最关键的边塞，当王阳明登上巍峨的居庸关，看到连绵的长城，顿时豪情万丈，感慨万千。他对边关不仅实地进行考察，而且去了解边关的驻防情况，并和居住在那里的少数民族少年们一起骑马射箭。当他考察结束回到家之后，便将自己考察的结果交给了父亲，并让父亲交给皇帝，当然父亲并没有采纳。但是王阳明并没有就此灰心，而是经常想尽一切办法将兵法付诸实践，痴迷其中不能自拔。

如果说王阳明是明朝时代的另类青年，那么他的另类只是向着一个目标进发，就是做圣人。边关考察，格竹子，逃婚，另类庄园，这所有的一切都是他践行自己的知行合一。从小到大，他就是一个说到做到的人，就算是他在后来被发配到贵州龙场做驿丞，面对断粮，面对瘴疠，面对野兽，面对随时都可能到来的死亡，都不曾放弃。他坦然面对死亡，淡然面对恶劣的环境，在龙场还为自己做了一副石棺，每天躺在里边，体验死亡，这自然也是另类的体验，但也是一种实践能力的表达。

对于另类，说得直白点就是特立独行。12 岁立志做圣人，28 岁考取功名，他从没有将自己看作是官二代、富二代，也从没有将自己置身于优越的家庭环境之中。一个人考察边关，痴迷于修道研究以及佛教之中，这些都是他在实践中磨炼自己的性格，为后来创立知行合一学说在奠定基础。

就在王阳明的仕途一路平坦、而自己的学说也迎来了诸多青年学子热捧和追随的时候，他的人生却迎来了一场变动。这场变动让他经历了生死，受尽了人生的磨难。这场变动就是他在刘瑾发难朝中官员，进行疯狂报复的时候，他作为六品官员原本可以不说、不动，但是他心中怀着圣人的梦想，所以他决定在那个时刻站出来，践行自己的圣人之道。要说他对上疏皇帝要面临的结果不知道，那肯定是不可能的，在当时的政府之中，老臣们被迫辞职回乡，剩下的人人自危，面对刘瑾的心狠手辣，谁还敢出来说话。王阳明对自己上疏自然也知道要承担怎样的后果。但是想要做圣人，就要有正义感，就要坚持正道，并勇于担当，王阳明对此从来都没有后悔，也没有退缩，他甚至将自己的牢狱之灾看作是对生命的超越，并在诗中说："我心良匪石"，表明自己的志向，坚持走圣贤之路。

生命需要坚强和韧性

凡“劳其筋骨，饿其体肤，空乏其身，行拂乱其所为，所以动心忍性，增益其所不能”者，皆所以致其良知也。

——《传习录》

当遭遇失败或者挫折时，我们应该有一种什么样的心态呢？对于这个问题，王阳明给了我们答案。

王阳明说：“凡‘劳其筋骨，饿其体肤，空乏其身，行拂乱其所为，所以动心忍性，增益其所不能’者，皆所以致其良知也。”这句话是什么意思呢？劳其筋骨，饿其体肤，这是孟子的话，指的是人生道路上的种种坎坷，当然也包括了失败。王阳明引用孟子描写人生坎坷的话，是为了说明人生的一切坎坷都是为了致良知，也就是让自己得到完善。由此可见，王阳明对于失败的真实看法是：虽不足喜，但也不必忧，可以把失败当成是自我完善的一个机会，从失败中亦能得到一些收获。

王阳明说得不错。成功也好，失败也好，个人总是无法掌控的。个人能做到的，就只有看淡成败。看淡了成败，因成败而带来的心灵纠葛也就会烟消云散了。那么如何看淡成败呢？在这一点上，我们不妨试着以对待四季的态度来对待成败。

自古至今，凡成大事者都经历了一番苦痛挣扎。人生需要磨炼，只有经历过了才能真正懂得，才能真正成长，对王阳明来说，这些也都不例外。

弘治末年的时候，王阳明在山中修行后复出，继续走在仕途之路上。他选择做了山东乡试的主考官、兵部武选清吏司主事等职位。也就是在这期间，他开始了自己讲学收徒的生涯，弘扬自己“必为圣贤”的志向，并劝那些沉溺于辞章之中的莘莘学子，学习圣贤精神，并致力于“身心之学”。

“身心之学”其实就是一门让人内心变得强大的学问，当然它也是一种以理想为自己立法的学问，这门学问可以让人们建立生命意义，让命运把握在自己的手中。王阳明12岁时立志做圣贤之人，到悟道复出已经年至三十有余。这一路走来可以说是曲曲折折，从最初的沉溺于侠客之行，而后沉溺于骑射之中，接下来在科举之时沉溺于辞章，步入仕途却沉溺于神仙的修行之中以致辞官归隐，最后又一次沉溺于佛学之中。其心路历程真可谓是丰富多彩，难以尽述。

二十几年的历程，王阳明所走的圣贤之路着实属于

摸着石头过河，从来没有人告诉他该怎么走，该怎么学，甚至也没有人告诉他这条圣贤之路到底走到哪里才算是到了尽头，但是王阳明就是这么执着地坚持着。就如同朱熹学说中的格物之学，今天格这个，明天格那个，却不知道到底要格到何时才算是终点。想想现实生活之中那些追逐梦想的人，为了完成心中的梦想，不也是今天做这个，明天做那个。世界上的成功没有是一帆风顺的，也不会有人告诉你该如何走向成功，所谓的成功是经历了无数次失败之后才能获得的。

王阳明为了实现自己立下的宏伟大志，一路这样艰辛地走来，将自己弄得身心疲惫。也就是这个时候他对朱熹的学说产生了怀疑，后来他弃官归隐，在洞中修道归来，才对圣贤之路有了一些非常明确的想法、做法。

成功的机会总会留给那些有准备的人，就在王阳明迷茫之际，他遇到了湛若水。说起湛若水不得不提陆九渊，陆九渊乃是心学的创始人，早在他十几岁的时候就开始思考宇宙与人生这样的大问题了。某一日，他在古书之中看到将宇宙解释为“四方上下日宇，往古来今日宙”，随即恍然大悟道：“宇宙内事，乃吾内事；吾分内事，乃宇宙分内事。”随后写下一句话：“宇宙便是我心，我心便是宇宙。”因为我的心与宇宙乃本同一，所以陆九渊提出了“心即理”的学说。他认为，一个人就算是没有读过很多书，就算是不去格物，只要将蒙蔽本心的那些物欲清扫干净，就算是一个字也不认识，在天地之间也可以堂堂正正地做人。

陆九渊的心学对于彷徨之中的王阳明来说，简直就是久旱逢甘露，让他更加坚定了圣贤之路，也让他的心看到了光明，这为他后来的寻梦之路打下了基础。有人说，谁愿意自己的人生之路上充满坎坷，如果一切都是风平浪静那不是很好吗？干吗要经历那么多的风风雨雨。但是人想要成长，不经历风雨怎么能够真正懂得呢？

磨炼对于一个人来说那是一笔永远都无法被拿走的财富，青春可以逝去，容颜可以老去，但是经历的磨炼却永远都在那里，那些磨炼就像是人生中的一座座丰碑，当你走过去了，当你站在高高的山巅，你才会发现那些磨炼在人生的道路上散发着最美的光芒。

磨炼，是身心必经的过程

问："静时亦觉意思好。才遇事便不同，如何？"先生曰："是徒知静养，而不用克己工夫也。如此，临事便要倾倒。"

——《传习录》

每一个有所成就的人，都是经得起磨炼的人，只有身心经历过艰苦奋斗历程，才能磨炼出坚韧与毅力，才能在这平凡的世界中成就自己的不平凡。

1508年的春天，王阳明带着几个随从终于抵达了处在贵州西北部的龙场，龙场驿站被漫山的荆棘包围，在这里等着王阳明的是肆虐的瘴疠，是随处出没的野兽和毒蛇。这里与锦衣卫的诏狱比起来好不到哪里去，居住的都是少数民族，实在属于一个语言不通的荒蛮之地。就算是能遇到一两个懂汉语的人，多半也是逃犯之类的亡命之徒，而他作为龙场的驿丞却只有管理的权利，并没有居住的权利。就算是小小的龙场驿站，那么的破败不堪，那么的不堪入目，王阳明作为朝廷被贬的官员都没有资格居住在这里。

很多人都在想，王阳明干嘛非得要到龙场这么一个穷山恶水之地，不是在钱塘江边已经被锦衣卫认定跳江自杀了吗，何必还要自讨苦吃呢。按照现代人的思维，这最多也就是一个活不见人、死不见尸的失踪案件，何况在大明朝没有便捷的通信，没有顺畅的交通，他大可以一头扎在哪个地方做一辈子的隐士，不就可以免去这龙场之苦了吗。

古往今来，人最难割舍的就是亲情，王阳明也不例外。他深知自己的父亲依然在朝为官，如果他就此隐退，那么谁又敢保证心狠手辣的刘瑾不会找个理由去残害他的家人呢？面对刘瑾以前的种种恶性，这种可能性简直是太可能发生了。王阳明心中也明白，这龙场是他这一辈子都无法躲避的地方，他只能选择面对，无法逃避。一个人在明白自己没有选择的余地时，勇气会瞬间增加，所谓的一些磨难，只要有勇气面对，就可以战胜。

王阳明为了更好地生存，就在驿站的附近找到一个山洞，尽管山洞之中阴暗潮湿，但是比起茅草屋要强百倍，还可以抵挡这里频繁而至的雨水。毕竟王阳明不是从小生活在这大山之中，所以他选择山洞之后却出现了一个致命的纰漏，那就是没有为山洞安装一个门。就在某一日的深夜，在他们熟睡之时，一只狗熊闯进洞中，尽管有惊无险，这也让王阳明见识到了在这深山之中想要生存下去的诸多法则。他开始打造石门，开垦土地，可以说是过起了自给自足的生活。除此之外，他还按照药书所说采集植物消除瘴气之毒，并且为了帮助仆人和自己寻找一些生活的乐子，还将自己搭建的茅草屋以及寻找到的几个山洞起了很多文雅的名字。“何陋轩”“君子亭”“玩易窝”等雅致的名字成为窝棚以及山洞的名称。如果说这些是他在内心上的自我调节，那么现实中，他还为自己的仆人用白话吟唱家乡的小曲，跳最狂热的舞蹈，来驱逐大家对家乡的思念以及面对这种残酷环境的沮丧。

在龙场驿站，王阳明第一次陷入对一生的回忆之中。他为自己打造了一副石棺，在潮湿的岩洞之中，在清冷的暗夜之中，他看到 11 岁的自己用毋庸置疑的口吻脱口而出：“若人有眼大如天，还见山小月更阔。”在京城之中，少年的他面对状元父亲，面对一丝不苟的私塾老师说：“唯有圣贤，方是天下第一等大事。”在江西的上饶，已经是青年的他坚定了自己成为圣贤的志向。21 岁，作为新科举子，他面对竹子，七天七夜，结果格竹子未成功，却两眼一黑栽在地上。那一年，身在仕途之中的他在九华山访遍奇人异士，深深地被佛道学说吸引，回到京城毅然弃官归山作了一个隐修者，而最后幡然醒悟：此并非圣人之道也。之后，他依然回到京师，有幸认识了湛若水，从而恍然大悟，并进入心学的研究之中，不可自拔……

这一幕幕就像是云彩般在王阳明的心中飘过，却又像是镜花水月般消失于无形之中。他感觉到自己每一次面对严重打击倒下去之后，再以顽强的姿势站起来之时，自己的内心其实是要比以前强大了许多。

君子要配得起所受的苦

某于良知之说，从百死千难中得来，实千古圣圣相传一点滴骨血也。

——《顺生录·年谱二》

在王阳明的心中，良知是要从千回百转的磨难之中方能得来，而古往今来的圣贤之人，乃至于伟大的成功者无一不是从千百次的磨砺之中持之以恒才最终取得胜利。世人在遇到艰难阻碍之时，大多数都是埋怨命运的不公平，害怕经历这些磨难，更无法面对那些阻碍，而忽略了磨难对于生活与自己成长的意义。王阳明生在官宦之家，用现代的话他就是不折不扣的官二代，但是面对两次科举的落榜，面对人生之中的种种不顺利，从来都是以一种坦然的心态去面对，在他的心中埋藏的是更为远大的理想，所以他对于这些挫折和磨难，总是不为所动，淡然接受。

在龙场，他面对自己搭建的不及肩膀高的草棚，曾经赋诗曰："草庵不及肩，旅倦体方适。"面对龙场的水土不服，面对大山之中肆虐的瘴疠，面对着随行之人的沮丧与病痛，王阳明不仅自己砍柴烧饭，打理日常琐碎，更为随行之人吟诗歌唱，鼓舞他们的精神，让他们忘掉苦痛的环境以及疾病带来的疼痛。环境是如此的艰难，却也是如此的独特。他思索如若是圣贤之人，身处这样的环境又该怎样想，怎样做？

在这样的磨难之中，他领悟到，将自己与这万物融为一体，并敞开自己的心扉，接纳这万物万事，所谓一切皆由心生。在缥缈的雾霭之中，在一副石棺之中，他安静的坐在那里，细想平生所经历之事，不过是镜花水月。在这绝境之中，在这无所依傍、无所希望的绝地，他想到了佛学的达摩祖师。此情此景，对于王阳明来说，是一切都归于零的状态，什么荣辱得失，什么生死，就算是死在这里，也不过是化为一小堆死灰槁木，成为这瘴气肆虐的深山之中的一捧黄土。如此想来，死又何惧；如此想来，这荒芜的边瘴之地又如何？

岩洞之中的烛光就像是时光长河之中的点点星光，不知道过了多久，不知道过了几时，王阳明的心中有一丝光亮慢慢地显露出来，那光就像是星火燎原。空山无人，水流花开，万古长风，依照风月。此一瞬间成为历史长河中的永恒，王阳明历经 19 年的千辛万苦，历经生死场中的角逐，寻遍天涯海角，终于在这特殊的环境之中醒悟。

“理”就在我心中！我为何如此愚钝，天地圣贤的道路并不是存在于万事万物之中，也无须存在万物之中，天与人原本就是一体，何时可分？又何必要分？随心而动，随意而行，万法自然。这不就是圣贤之道吗！存天理，去人欲，这天理不就是人欲吗！随着一声大笑划破长空，更打碎了这夜间之中大山深处的宁静。随从看着石棺之中的王阳明，个个惊诧不已，觉得他肯定是疯了，但是只有王阳明心中明白，此生追寻的圣贤之路终于畅通无阻。

37 岁的王阳明在这瘴疠与野兽横行的深山之中，早已经没有了昔日的风光，早就不是那个当年的风华少年，从小天资聪慧的他，也曾经有着非常辉煌的仕途，也曾经有着非常好的出身，当然也有着令诸多人羡慕不已的成就，可是这一切终还是离他而去。在这龙场，他住草棚，睡岩洞，开垦荒地，陪属下玩乐，硬是将这荒芜之地化为了自己的桃花源。这正如当初他来龙场之前大声吟诵的一样：“天下之大，虽离家万里，何处不可往！何事不可为！”

在龙场这生死的绝境之中，王阳明不仅摆脱了对环境的依赖，更超越了生死祸福的纠缠与威胁，这让他在龙场悟道之中大大地提升了自己的境界，而对于生死的认知他也已经融入了人生的境界之中，并落实到了生命的真实体验之中。他用事实证明心与理合一，证明知行合一。在龙场的经历，对于王阳明的一生来说是一次重大的转折，当然也彻底地改变了他的心态，让他从悲愤与凄凉之中转向从容，无论他研究的心学还是生活都被赋予了一种全新的意义。

原来每一个人的心中都是圆满的，都可以自足其性，根本无须向心外去求什么。什么乱世，什么挫折，什么昏君，什么沉浮，全部都在心外，都不能对人心中的圆满与自在有所伤害。自此，王阳明随遇而安，心平如镜，就算是深处险境、绝境、逆境，都可以以一种罕见的平静之心而处之。后来的王阳明平叛军、战倭寇、开堂讲学，无论做什么都是内心波澜不惊，他对得起自己深处逆境和绝境之中的坚持，他所受的苦终于也功成圆满。

扛得住压迫，耐得住落魄

圣人之道，吾性自足，向之求理于事物者误也。

——《教条示龙场诸生》

很多人在成就一番事业之前都苦于遇不到伯乐。如果一个人因为一时不被赏识而变得烦躁不安，那么就很可能在追求成功的道路上前功尽弃。人生之中，有时候是人无意之间掩盖了自己的才华，而有时候是由于他人的原因埋没了自己的能力，在逆境之中能够耐心等待，在寂寞之中能养精蓄锐，在磨难之中能扛得住压迫，享受到那份特别的寂寞，那么整个人生将会受益匪浅，最终也将会成功。

王阳明上疏皇帝而得罪宦官刘瑾，可以说这是他人生旅途中真正第一次遭遇到的打击和压迫，刘瑾在明朝被人称为“八虎”之首，可想而知为人多么的狡猾、狠毒。在明朝以前执行廷杖，受刑罚之人不仅可以多穿衣服，而且屁股上还可以垫上厚厚的棉絮，但是刘瑾不仅将这些废弃，还命人将王阳明的衣服扒掉，裸露着屁股挨打，这可以说是对人的一种人格侮辱。面对如此迫害，面对如此侮辱，王阳明在锦衣卫的诏狱之中醒来发现破烂不堪的房顶倾泻而下的一束月光，他庆幸自己还活着，他要做圣人，更坚定自己寻求圣贤道路的决心，所以他将这世间最凄惨的诏狱看作修行的天堂，不仅在狱中为狱友讲学，还为大家讲圣贤之道，鼓舞大家，不放弃，不抛弃。

扛得住压迫就能迎来生机，终于王阳明出狱了，但是他的官职却被彻底革去了，紧接着朝廷将他贬到龙场做一个小小的驿丞。虽有刘瑾的一路追杀和恶劣环境对人的痛苦磨炼，但是王阳明在龙场依然体会到了另一种人生的璀璨。面对史无前例的恶劣环境，面对着困苦与寂寞，他又一次选择了坚强。他在龙场的石棺之中想到许多的圣贤之人，但是很可惜没有一个圣贤之人像他这样成为一个倒霉蛋，没有前人的例子可循，他就用自己的方法从困境、压迫、寂寞与落魄之中解脱出来。为了生存，为了寻求圣贤之路，为了找到光明，他主动去了解周边少数民族的生活习惯以及民俗文化，他克服语言不通的难题，迈过与少数民族之间的隔阂，用自己的热情与真心赢得少数民族的信任。

久而久之，王阳明在龙场与当地的少数民族相处得相当好，他用自己所了解的知识去帮助少数民族，他的热情终于感动了彝族首领安贵荣。这位彝族首领非常赏识王阳明的精神以及学识，当他知道这位身处边瘴之地的大学者正生活在水深火热之中时，便开始主动照顾他的

生活，照顾他的一切，并为他讲述一些民族的文化历史，这让王阳明在那些艰难困苦的日子之中仿佛获得了千金不换的宝贝。

王阳明在这些民风民俗以及文化之中找到了快乐，并激发了自己传道悟道的热情和决心，他开始在龙场讲学，讲心外无物。一个人只有亲身经历寂寞、压迫与落魄之后，才能体悟到人生的真谛。王阳明在艰难的环境之中明白了一个非常深刻的道理：在寂寞之中，人不能自我颓废，不能自我萎靡；越是寂寞的时候，就越是要让自己的心灵坚强起来，只有接受当下的环境，只有在当下这宁静的环境之中，才可以让自己的心灵纯净的不沾惹一点点尘埃。

往事历历在目，刘瑾的侮辱与压迫，被贬龙场的寂寞与落魄，这些不过都是心外之物，如果心灵归于沉静，这些荣辱得失又怎么能伤害到自己的心灵。自此，王阳明的心灵归于沉寂，一切皆归于零，那些生活之中的杂念也逐渐消失，终于悟得人生真理，从此龙场悟道被世人称颂，他的心学也成为五百年难遇的学术，而他最终也成为历史上的圣贤之人。

随着王阳明讲学的影响不断扩大，他再次招惹到了麻烦。贵州巡抚王质觉得王阳明流放至龙场应该对自己有所表示，可王阳明却忙得将此事疏忽，王质觉得尊严受到了挑战，便命人到龙场砸场子，结果遭到土著居民的暴打。可以说王阳明在这边陲深山之中将要面临官员的又一次压迫，但是他却回信王质说，居民不会无缘无故打人，既然是流氓先动手，我又为何要道歉，而且就算是王质派来的，也与他没有关系，自己在龙场一日三死，也没什么可怕的；尽管自己是一个流放的官员，但是也应该得到尊重才是。

人人都有尊严，不可侵犯，这就是王阳明心学的灵魂所在。王质收到信后大为震惊。经过毛应奎从中周旋，王质从此不再找王阳明麻烦。而毛应奎与王阳明的会面后，被他的人格魅力所折服，从此他们成为好朋友。

掌握走出逆境的奥秘

虚灵不昧，众理具而万事出。心外无理，心外无事。

——《传习录》

王阳明认为，一个人只有在非常安宁、专一与虚静之时，心灵才可达到一种高度宁静的状态。也只有在这种状态之下，在许多领域之中才可以取得具有创造性的发现，才可以让自己忘记时空，忘记时间，忘记自我，从而摆脱外界的环境，更好地从逆境之中走出来。

1490 年，王阳明的龙岗书院迎来了一位官员，就是时任贵州户部的员外郎席书，此人职务按照现代来讲也就是相当于贵州省的教育厅副厅长级别。早在王阳明在京城为官之时，这位席书大人就已经听说过他，而今被流放至此，不但没有被龙场的恶劣环境所吓倒，反而建立书院开始讲学，席书便专程从贵阳赶到龙场驿站会见王阳明。

见面之后，席书向王阳明提出了一个非常尖锐的问题，那就是朱熹和陆九渊的学术，哪一个更值得学习？这是一个非常难以回答的问题，大明朝大家都非常崇拜朱熹，但是王阳明却是陆九渊的继承者，这样的问题摆在他面前，无论如何回答都不是最好的选择。但是王阳明就是王阳明，他向来就有过人之处。

“圣人之道，吾性自足，不假外求。”他看着席书非常平静地说出了这句话，其实这句话正是他在石棺之中悟道之时喊出的那句话。席书听后简

直惊呆了，他不明白，难道圣人还可以自学成才，如果真的是那样，那么所有的人不都可以成为圣人了吗？但是经过几次交谈之后，席书终于明白了王阳明这句话的真正含义，于是当即决定聘请王阳明为贵阳书院的总教习。在历史中，有人将这次事件称为贵州教育历史中的一次改革，一次进步，而这对于王阳明来说却是人生之中向前迈出的一大步。

走出龙场驿站，走出那个瘴疠与虎虫横行的大山，王阳明靠的就是自己对梦想的执着追求。在龙场的石棺之中，他早就将生死看得很淡；面对瘴疠，面对毒虫，面对虎豹，面对人们传说的魑魅魍魉，他在山洞之中泰然处之。在这里他早已经将环境忘却，早已经将自己忘却，早已经将时间忘却，他将这里看作生命中的桃花源，看作圣贤之路上的最佳修行场所，荣辱得失，生生死死，在这里他看得透彻、看得分明。如今他面对着自己第一批心学的弟子，他愿意将自己一腔热血奉献给自己的学生。

知行合一，在这里王阳明开始正式讲自己心学的核心内容。他认为圣贤之路只有一个功夫，那就是知和行不能分为两件事来看。他强调知行必须统一，对一些事情的思考和了解，只有想明白了才能开始行动，而行动便是将那些思考明白的、了解清楚的内容付诸实践，也只有这样才能有所成就。在知行合一之中，王阳明指出，圣贤之学就是身心之学，其要领就在于体悟并实行，如果只是将这些当作纯粹的知识去学习，而不去实践，那么也只是在口中耳中流传罢了。

想想王阳明这一路走来的心路历程，学朱熹的格物致知，就去格竹子；去迎娶新娘，遇到道士便逃婚学习养生之术；结婚后觉得自己的书法不过关，便开始练习书法；在九华山访得奇人异士便辞官去山中修行悟道；得罪刘瑾，在诏狱之中依然奉行圣贤之道，为狱友讲学。在九死一生的龙场更是亲身体验生死。这所有的一切其实本就是知行合一的最好体现。

王阳明一路走过来的坎坷和逆境相当之多，尽管他从小天资聪慧，尽管他是官二代，但是上天并没有因为这些而对他有丝毫怜悯，相反他却经历了很少有人走过的绝境。在他看来，身心的主宰是心，心中所发便是意，意的本体就是知，而意的所在便是物。也就是说，心乃万物与身体的主宰，只有心灵安定下来了，才不会因外物而动，而本身所具备的无穷智慧才可以显露出来。

人生的酸苦辣，要靠自己品尝

先生曰："哑子吃苦瓜，与你说不得，你要知此苦，还须你自吃。"时曰仁在旁，曰："如此才是真知，即是行矣。"一时在座诸友皆有省。

——王阳明

有这样一句名言：要想知道梨子的味道，就要亲口尝一尝。而王阳明则说："哑子吃苦瓜，与你说不得，你要知此苦，还须你自吃。"意思是说，要想知道苦瓜的味道，就要亲口尝一尝。

其实，王阳明这句话的意思是说，为学或为人就像品尝苦瓜一样，任何人都说不得，即使说了也不会有人真正听进去，每个人都需要亲身体验一番才能获得真切的感受。这也就是王阳明一贯推崇的"知行合一"的观点。在他看来，一个人成长成熟都是知行合一的结果，只有认知而没有实践，一切都是空谈，仍然是虚假的理论。只有真切地体验了，在身心深处领悟了，才是真正的知识，才能沉淀成生命中永恒的智慧。

关于知行合一与人生成长，张爱玲曾写过一篇短文《非走不可的弯路》，其观点和思想与王阳明不谋而合，在此摘录如下：

在青春的路口，曾经有那么一条小路若隐若现，召唤着我。母亲拦住我："那条路走不得。"我不信。

"我就是从那条路走过来的。"

"既然你能从那条路上走过来，我为什么不能？"

“我不想让你走弯路。”

“但是我喜欢，而且我不怕。”

母亲心疼地看我好久，然后叹口气：“好吧，你这个倔强的孩子，那条路很难走，一路小心。”

上路后，我发现母亲没有骗我，那的确是条弯路，我碰壁，摔跟头，有时碰得头破血流，但我不停地走，终于走过来了。

坐下来喘息的时候，我看见一个朋友，自然很年轻，正站在我当年的路口，我忍不住喊：“那路走不得。”

她不信。

“我母亲就是从那条路上走过来的，我也是。”

“既然你们都从那条路上走过来了，我为什么不能？”“我不想让你走同样的弯路。”

“但是我喜欢。”

我看了看她，看了看自己，然后笑了：“一路小心。”

我很感激她，她让我发现自己不再年轻，已经开始扮演“过来人”的角色，同时患有“过来人”常患的“拦路癖”。

在人生的路上，有一条路每个人非走不可，那就是年轻时候的弯路。不摔跟头，不碰壁，不碰个头破血流，怎能炼出钢筋铁骨，怎能长大呢？

……

弯路就像苦瓜，我们明知道苦，但是别人的劝告就是无效，甚至别人越说苦越调动好奇心，我们偏要尝一口，偏要冒这个险。这难道是傻吗？其实不然。按照王阳明的说法，这是知行合一的必然。思想的深度就是这样炼成的。人生就是一种体验，我们不能在别人的说教中生活一辈子，我们需要自己用血肉之躯去闯荡，去感触世界的心跳。

“纸上得来终觉浅，须知此事要躬行。”王阳明的知行合一是我们成功的法宝。我们不能总是纸上谈兵，还是真刀真枪地干一仗来得痛快，即使战死了，也能感受到热血的存在。无独有偶，鲁迅先生也说："一碗酸辣汤，耳闻口讲的，总不如亲自呷一口的明白。"实践出真知，我们只有尊重客观实际，一切从实际出发，做到理论联系实际，才能检验真理正确与否。这样的真理就是我们体验世界所发现和掌握的真智慧。

人生就像一场旅行，体验过各种各样的风景，内心才丰盈富足。不少朋友的口头禅就是：这辈子该吃的吃过，该玩的玩过，即使世界末日来临也没什么可后悔的了。这种思想境界尽管比较庸俗，但却真切地反映了一个道理，那就是人生的价值就在于体验。只有体验才能证明我们活着，只有体验才能证明我们拥有鲜活的生命，如果我们一生困在阁楼里，每天只是看书、观赏电影，人生的体验就会苍白单薄，即使每天锦衣玉食，依然会感受到无边无际的空虚。由此可见，丰富的人生体验乃我们追求的重要目标！

所谓的体验，是任何他人都无法替代的，你无法代替我吃饭，我无法代替你去法国旅游。这些必须自己亲自去做。体验既包括美好的事物，比如去海边冲浪，去豪华酒店宴饮等，也包括痛苦、艰辛，甚至有着生命危险，比如蹦极、花费巨资去珠峰攀登，去太空宇航遨游，等等。这一切都是人类在追求无止境的体验。我们活着就是为了体验，在体验的过程中，我们才感受到当下最真实的存在，以及最清醒的自己。

我们活在这个世界上，就要勇敢地走出自我的樊笼，无畏无惧地去体验自己向往的一切。畏手畏脚是最懦弱的行为，你究竟在害怕什么呢？王阳明已经鼓励了我们——哪怕是一条苦瓜，我们也要敢于品尝，只有这样，我们才能活出自己的滋味，只有这样，我们才能拥有自我独特而深刻的人生感悟。

第四辑

心之所向，生命才会扎根福田

俗话说："人若有志，万事可为。""心之所向"是王阳明心学体系的重要部分，这对今天的人同样有着积极意义。一个没有志向的人，很容易迷失人生的方向，最终免不了庸庸碌碌，一事无成。立志是成功的动力，能让我们为实现人生目标不懈地奋斗，凭借坚忍不拔的信念屹立在成功的巅峰眺望远方。

要为人生找到一个方向

志不立，如无舵之舟，无衔之马，飘荡奔逸，亦何所底乎？

——《传习录》

王阳明作为一代大儒，对立志与人生的关系有着独到的见解，他说：“一个人若是想做出一番事业，首先要立志，否则就会一事无成，即便是各种工匠技艺，也都是靠着坚定的意志才能学成的。”

一个人的理想往往决定了他的高度。燕雀安知鸿鹄之志，鸿鹄要像大鹏那样展翅翱翔于九天之高，尽收天下于眼中，而燕雀没有那么远大的理想，自然对能够触及榆树就已经心满意足了。

有了高远的志向，成就事业才有了可能，立志是十分重要的。王阳明能成为一位洞悉心灵奥秘的心学大师，正是在其志向的引领下一步一步达成的。即便后来受到种种磨难，他也没有放弃。不只是王阳明，古往今来，每个有所成就的人物都为自己立下远大的志向，告诉自己要去哪里，然后向着目标不懈奋斗，直至成功。

班超是我国西汉时期杰出的军事家和外交家，他从小胸怀大志，不拘小节。公元 62 年，班超因哥哥被聘为校书郎而随同母亲一起来到洛阳。因为他写得一手好字，便受到官府的雇用，抄写文书，以此谋生。为了将这份工作做好，班超每天天不亮就起床，晚上很晚才睡。

当时，北方的匈奴时常侵犯汉朝边境，班超特别愤慨；同时，他又看到西域各国与汉朝的交往已断绝了50多年，心中非常忧虑。有一天，他正在抄写文件，写着写着，觉得这份工作实在无聊，想到自己远大的志向，忍不住站起来，将笔狠狠地摔在地上说："大丈夫即便不能实现自己的理想，也应该为国家作贡献，怎么可以在这种抄抄写写的小事中浪费生命呢！"周围的人听了这话都笑他，班超回应说："凡夫俗子怎能理解志士仁人的襟怀呢？"于是，他决定"投笔从戎"，去干一番大事业。

后来，他成为一名将领，在对匈奴的战争中取得胜利。接着，朝廷采取他的建议，派他带着数十人出使西域，重新打通了丝绸之路。他也因此成为我国历史上杰出的外交家，名垂青史，万古流芳。

班超投笔从戎，建立了千秋功业，正是因为他没有满足于抄抄写写，安稳度日。他把自己的境界和志向提升到一定的高度，才做出名垂青史的成就。可见，有明确的人生志向对一个人是何等重要。

王阳明认为："志不立，如无舵之舟，无衔之马，飘荡奔逸，亦何所底乎？"明代思想家程颖说："治天下者必先立其志。"明代文学家冯梦龙有言曰："男人不展风云志，空负天生八尺身躯。"由此可见，成大事者都十分推崇志向对人生的引导作用。

立志后，万事就是一事

志不立，天下无可成之事，虽百工技艺，未有不本于志者。

——《教条示龙场诸生》

不立下大志，这天下就没有可以成功的事情，就算是学习技术，如果不立志也难以成功。

王阳明在讲学中曾经对弟子说："你们学习一定要立下做圣人的志向和决心，每时每刻心中都要有一种'一棒子打出一条伤痕，一巴掌打出一道血印'的精神，只有这样听讲，才能感知每一句的力量，才能加深印象。每日如果糊里糊涂混日子，跟一块死肉一般，打骂不知道疼痛，最终也学不到学问的精髓。等回到家后，依然用老法子面对生活，等于是浪费时间，这多么可惜啊。"

志不强者智不达，可见确立志向在人生中多么重要。王阳明从小便心怀大志，那就是要读书做圣人。

但是在王阳明心中却始终觉得读书做状元不过是外在的成功罢了，只有读书成为圣贤才是内在的修为，才是人生的第一等大事。也正是因为拥有这样崇高的志向，才使王阳明有了跟别人不同的人生。在他的一生之中，读书做圣人始终伴随着他的生活和工作，他也以此来面对生活中遇到的所有事情，最终开创了自己的心学。

在浙江的永康有一个年轻人，他跟随王阳明的学生学习心学，但是他感觉有很多问题始终弄不清楚，于是千里迢迢、跋山涉水，专程拜访王阳明，希望能够学习到具体的心学之道。王阳明见到他之后，问他先生都教了他一些什么？这位年轻人回答：“没有教什么特别的，只是先生每天都教导必须立志学习圣贤的学问，不能总是沉溺于世俗之学。”王阳明听后认为年轻人已经学到了圣贤之学的方法，声称自己没有什么再教给他的了。年轻人百思不得其解，再三恳求王阳明一定要教给他。王阳明便询问年轻人这一路旅途中的辛苦，然后感叹地说：“你这一路真是太艰难了。你来我这里，路途是如此劳累，又经历了那么多的艰难险阻，中途为什么不返回去，而坚持来我这里呢？难道有人强迫你吗？”

年轻人听后回答说：“我来先生这里，是想投身于先生门下学习圣贤之道，尽管旅途中艰辛，但是内心却感到非常快乐。况且我哪里能因为吃了这点苦就返回去的道理呢，这也不需要什么人来强迫吧。”

王阳明听了年轻人的这番话，禁不住抚摸着自己的胡须笑道：“你有志向，有决心，一定要投到我的门下学习心学，这便不需要任何人告诉你来的方法，不远千里，不辞劳苦，跋山涉水也要到达我这里。你立志学习圣贤之学，有了这样的方法，还愁达不到圣贤的境界吗？更不用别人教你什么了。你这一路上弃舟登陆，把盘缠留给仆人，而自己宁愿去借粮食，而且冒着如此的酷暑而来，这又是从哪里学到的方法呢？”

年轻人听了王阳明这一番话，恍然大悟，心中突然明朗了起来。

王阳明还有一个学生名叫萧惠，他问老师佛老之学的精妙所在，王阳明说：“圣人之学简易广大，你不肯问我其中感悟到的，反而问我后悔的。”萧惠很是惭愧，便向先生请教圣人之学，而王阳明却说：“你现在只是做表面功夫，敷衍了事，告诉你也没用。等你真正拥有了一颗做圣人的心之后，再和你讲也不迟。”

萧惠听后依然再三请教，王阳明说：“我已经跟你说得很清楚了，可是你还是不明白。”在王阳明看来，想要达到圣贤之人的境界，最关键的就是要有一颗一定成为圣贤之人的心。人只有先立定了这个做圣人的志向，有了这样的决心，才会经受住外界的诱惑，经受住艰难困苦的考验。也只有立下了这样的志向，万事方为一事，一切也就都好说了。

重要的不是做什么，而是为什么做

萧惠问死生之道。先生曰："知昼夜即知死生。"问昼夜之道。曰："知昼则知夜。"曰。昼亦有所不知乎？"先生曰："汝能知昼，懵懵（měng měng）而兴，蠢蠢而食。行不著，习不察，终日昏昏，只是梦昼。惟息有养，瞬有存，此心惺惺明明。天理无一息间断，才是能知昼。这便是天德，便是通乎昼夜之道而知，便有什么死生？"

——《传习录》

懂得白天与黑夜，就能懂得生死之道，如果不想浑浑噩噩地活着，就要用心生活，就要认真做自己。在人的一生之中做什么其实并不重要，重要的是你为什么去做。

王阳明的弟子萧惠向他请教生死的问题，王阳明说："生死之道就与白天和黑夜一样，如果你知道白天与黑夜，那么也就知道什么是生与死。"接着萧惠又问王阳明白天与黑夜的学问。王阳明说："白天与黑夜，只要你知道其一，那自然就会贯通其中了。"萧惠听后说："先生所说的白天与黑夜，就是我们日常生活中的时空吗？"王阳明说："其实你并不懂。那些在清晨迷迷糊糊地起床，接着盲目地开始一天的生活，整日糊里糊涂地过日子，就像是生活在梦中的人，永远都不会懂得白天与黑夜真正的意义。只有用心生活，明明白白做人，才能真正懂得白天与黑夜，才能明白自然规律，生与死的问题自然也就可以看得透彻。"

正德五年，也就是1510年，那年的秋天，宦官刘瑾被诛，而王阳明贬谪龙场的期限也到了，朝廷便命他做了庐陵的知县。庐陵也就是江西的吉安。不要小瞧了这个地方，欧阳修、文天祥等很多名人都出生于此，也就是在这个地方让王阳明上任的第一天就遇到了大麻烦。原来在他来到县衙第一天的时候，当地的居民一下子就涌进了几千人，个个情绪激动。手下建议将这帮“刁民”撵走。王阳明走下公堂，找到其中的一些老人了解事情的原因。原来几年前来了一位太监，说朝廷需要葛布，县里必须上贡，如果不出产，那就必须交钱才可以。因为上交葛布，这里摊得一百零五两的银子，百姓对此当然不满了，税赋原本就很沉重，何况要加上这些，对于他们来讲，这简直就是雪上加霜。

原来的县衙负责任，因为收不上这些银子，索性就自己赔上了；到了第二年，仍然收不上，不得已又自己搭上了。就这样一直到王阳明上任前，有官员来催这笔银子，百姓们实在是忍无可忍了，这原本是临时增加的赋税，怎么能年年收呢？王阳明听完这些之后，当时就做出决定，上贡葛布摊派的一百零五两银子不交了，而且其他赋税也不用交了，然后就让这些居民回家去了。紧接着他向朝廷上疏，将这里的事情写在了上疏之中，并且说如果朝廷因此追究责任，他愿意一人承当，就算是被罢官了，也心甘情愿，无怨无悔。

王阳明为什么这么说，他心里清楚得很，这个决定很可能会得罪朝廷，而他也即将面临朝廷的又一次责罚。既然知道结果，那为什么非得这么做不可呢，这不是自找无趣、横生枝节吗？但是王阳明 12 岁的时候就立下了要做圣人的伟大志向，加上在龙场这几年的磨炼，他早就将自己的生死荣辱放在了一边。

做任何事情，他唯一遵循的就是圣贤之道，每一次遇到事情，他都要想一想如果是圣贤之人，在这种情况下该如何去做。很显然，解除百姓的赋税，让百姓因此可以安居乐业正是圣贤之人要做的，所以王阳明当机立断，冒着被惩罚的风险，不仅免去了葛布的赋税，更是免去了其他的赋税。这一次王阳明是幸运的，因为刘瑾已死，他的举动没有遭到朝廷的责罚，事情也就这样过去了。

这件事，让人不禁想到了王阳明曾经因为上疏得罪刘瑾而不幸遭遇的那场牢狱之灾。其实当初刘瑾当权，朝廷中的官员因为害怕刘瑾的报复，再也没有人敢说话了，而这些情况对于身在京城的王阳明自然再明白不过了。可是那时候他依然上疏朝廷，依然站出来说真话，其可能得到的结果，他当然也是知道的。但是那时候他觉得如果是圣贤之人，在那种情况下也必定会选择上疏，承担正义。他一生都想做圣人，在这种情况下当然不会让自己缩起头来，明哲保身。

目标就像人生大船上的舵

为学须得个头脑，功夫方有着落。纵未能无间，如舟之有舵，一提便醒。

——《传习录》

无论是做事、修身或者学习，都必须有一个明确的目标。如果一个人没有人生目标，就算是有再大的力量和潜能，也会常常忘记自己应该做什么才能成功。目标就像是人生大船上的舵，在关键的时刻可以让自己把握方向，拥有自由的人生。

1499 年，王阳明第三次参加会试，终于金榜题名，从此他也一脚踏上了大明朝的政治舞台。1500 年，他被朝廷授予刑部主事的职位，奉命去淮安等地执行公务。在这期间他平反了很多冤案，在百姓心中留下了许多美名。但是在公事办完之后，他那喜欢山水的毛病就开始泛滥了，于是出游九华山，并在那里拜访了很多奇人异士。

蔡蓬头是一位在九华山隐居修仙多年的道士，王阳明听说后就赶紧前去拜访，等见到此人，王阳明一看便知道这是高人，于是虚心请教修道的方法，谁承想这道士对他爱理不理，只是说了两个字“尚未”，然后掉头就走掉了。王阳明见状，屏退身边的随从，紧紧跟在道士后面，一再求教，结果人家还是用那两个字打发他。

王阳明哪里肯就此罢休，于是发挥穷追不舍的韧劲，再三鞠躬，虚心请教。最后这道士实在没办法了，就说了一句："你自以为执礼甚恭，但是在我看来，你终不忘官相。"然后微微一笑，将虚心好学的王阳明扔在了原地。

王阳明在那里久久地回味着道士的话，不禁哑然失笑。原来道士的这句话正中他的心怀。爱修道，但是又爱当官；喜欢山水，却又无法舍弃庙堂。这些纠结被道士一句道破。等到了第二天，王阳明又听说在一个天然洞穴之中，有一位不食人间烟火的天然哥，所以决定前去拜会。

攀爬上悬崖峭壁，行走过陡峭险峰，等王阳明好不容易找到这位天然哥后，却发现此哥们正在那里呼呼大睡。王阳明毫不客气地坐在他的身边，以为他在假睡，便摸着他的脚，结果这天然哥一个激灵就醒过来了，他十分诧异地看着王阳明这不速之客，说道："路险，何以至此？"

王阳明听说却微笑着反问道："何为修道最上乘的功夫呢？"第一次见面就问如此高深的问题，天然哥深知来者并非一般人物，于是非常真诚地与他一起探讨了起来，谁承想这两个人不聊不要紧，一聊竟然甚为投机，从儒、释、道谈及朱熹的格物致知，然后说禅宗的阻心

见性，两个人还聊起了北宋的程明道和周镰溪两位儒家。临别之时，天然哥对王阳明说："周镰溪与程明道也不过是儒家的两个好秀才而已。"

九华山一行对王阳明影响很大。到了 1502 年，他从九华山回到京城复命，而这时候京城的文人才子们正在搞"文艺复兴"。其中以李梦阳和何景明为首的一群愤青的文人们正在倡导"学古诗文"，对八股文的假大空展开了一场空前的批判和进攻。王阳明原来也非常喜欢跟这些文人墨客掺和在一起，偶尔也会动笔写一些诗文或者是骂骂官场之中的腐败等，但是自从九华山归来，他对这些早就没有了兴趣。"焉能以有限的精神用在这无用的虚文之地！"他从此便跟李梦阳这些人划清界限，说了拜拜。其实王阳明少年时期就对诗词不感冒，随着年龄的增长，对修道的进一步体悟，如今的他非常不喜欢这种龇牙咧嘴的愤青姿态。但是李梦阳等人却为失去王阳明这样的干将而扼腕叹息。王阳明微笑着对他们说："韩、柳不过是文人；而李、杜也不过是诗人，如果有志向学习心性之学，以颜回、闵损为期，非第一德业乎？"既然要追求自己的"第一德业"，那就说到做到，王阳明不仅立即与李梦阳等人说了再见，还以自己养病为理由给皇帝写了一份辞职报告，要求回家修养。那时候王阳明的职位也不过就是个芝麻绿豆的小官，在皇帝的心中根本就是无所谓的，所以他的报告很快就被批了下来。王阳明向来就是一个言行一致的人，丢掉乌纱帽之后，他立刻回到家乡，当然也不住在家中，而是远离凡尘琐事，跑到山中一心一意地在阳明洞中潜心修道去了。

一个人一旦确定了自己的目标，就会放弃其他与之无关的所有，热情、狂热地追逐，目的只有一个，那就是实现自己的目标，为了实现目标，所有的一切都可以克服，而蕴藏在心底的潜能也会被激发出来。王阳明就是这样，他在洞中静坐内观，进入物我两忘的状态，逐渐感觉天地消泯，内心一片光明，为龙场悟道打下了基础。

正确的志和错误的志

何廷仁、黄正之、李侯璧、汝中、德洪侍坐，先生顾而言曰："汝辈学问不得长进，只是未立志。"侯璧起而对曰："珙亦愿立志。"先生曰："难说不立，未是必为圣人之志耳。"

——《传习录》

想要做事，固然要立志，但是立志也要符合客观规律，否则就会南辕北辙，向错误的方向发展下去。何廷仁、黄正之、李侯璧、汝中、德洪这几位学生陪着老师坐在一起聊天。王阳明对这些学生说："你们的学问没什么长进，这是因为你们大家没有立志的原因。"这时候李侯璧站起来对先生说："我愿意立志。"王阳明却说："很难说你没有立志，不过你立的不是一定要做圣人的志向。"其实王阳明是想告诉自己的学生，学习要立志，但是立志也要正确，只有正确立志，方能朝着正确的方向行走。王阳明在龙场讲学期间，他的爱徒徐爱在安徽祁门遇到一个叫傅凤的人，这个人终生的理想就是要孝顺自己的父母。但是他却没有像样的工作，也赚不来钱，所以也就无法照顾好自己的父母。徐爱推荐他去见王阳明，王阳明就跟他讲心学。傅凤听完之后，开始下决心修行的时候，突然意识到自己早已经年老的父母以及傻弟弟都急需他来养活。所以他抛弃心学，开始日夜不停地读书，想要考个进士，求个一官半职来养活家人。

但是事与愿违，因为他总是吃不饱，加上拼命读书，后来身体越来越不好，最终得了重病，卧床不起。但是为了养活父母和弟弟，傅凤在重病的情况下依然坚持读那些科举之书，王阳明的一些学生们想尽办法让他以自己的身体为重，告诉他，这样坚持下去，只能让自己的身体越来越不好，这种情况下最好还是先保重身体才为上策。傅凤为此心中特别烦闷，于是去请教王阳明。

王阳明听后叹息地说："你啊，一生立志孝亲，但是却因此陷入到了不孝的深渊之中。"傅凤听完非常吃惊地问："先生，难道我不想尽办法去做官赚钱来养活父母和弟弟，就是孝顺吗？"王阳明听后反问道："你为了科举，为了做官赚钱而照顾自己的父母和弟弟，但是却因此把自己搞成病夫，这难道是孝吗？"

傅凤听后非常疑惑。王阳明此时又说："看你现在这病恹恹的样子，你自己觉得能考上进士吗？"傅凤听后非常坦诚地回答："不能！"王阳明接着说："你现在把自己的身体搞垮了，不要说无法参加科举，得不到官职，就你现在的身体状况，不要说照顾好自己的父母兄弟了，恐怕还要让你的父母来照顾你吧。你说，你这不是大不孝，又是什么？"傅凤听完

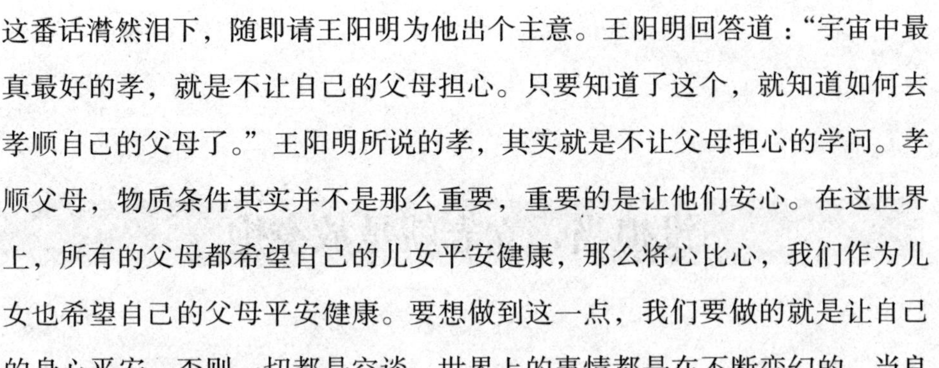

这番话潸然泪下，随即请王阳明为他出个主意。王阳明回答道：“宇宙中最真最好的孝，就是不让自己的父母担心。只要知道了这个，就知道如何去孝顺自己的父母了。”王阳明所说的孝，其实就是不让父母担心的学问。孝顺父母，物质条件其实并不是那么重要，重要的是让他们安心。在这世界上，所有的父母都希望自己的儿女平安健康，那么将心比心，我们作为儿女也希望自己的父母平安健康。要想做到这一点，我们要做的就是让自己的身心平安，否则一切都是空谈。世界上的事情都是在不断变幻的，当良知没有被遮蔽的时候，对于孝顺的要求是万古不变的，想要真的孝顺，就要做到“让父母安心”这五个字。

从傅凤的故事中，可以看出一个人能立志很好，但是如果立志的方向错了，那就会过于偏激，就会走向错误的道路，这样下去是十分危险的。无论是古代还是现代，有很多人都会犯下南辕北辙的错误。想要做好事，想要成就一番事业，立志的同时要反省自己，发现错误就立刻改正，才会步入梦想的旅途。有弟子问王阳明，学习朱熹理学格物致知的方法很简单，只要去外面格物，把格物得到的道理用静坐思考的方法能与自己的心吻合就是了。您这个学问要怎么学会它呢？王阳明听后说了四点：第一，就是要立志。也就是要打定主意，下决心做圣贤。第二，要勤学。做圣贤就要勤奋学习，就要努力学习知识来提升自己的品德。第三，改过。有错就要改，不可姑息。第四，就是要在朋友之间用责备的方式去劝善。

现实生活中，每一个人心中都应该有一杆秤，都要对自己进行公正、公平、不偏不倚、不轻不重的评价，因为一个人只有准确把握好自己，才能实事求是，才可以恰如其分地感知自己，并完善自己。

没担当，立志就是放空炮

先生曰："我在南都以前，尚有些子乡愿的意思在。我今信得这良知真是真非，信手行去，更不着些覆藏。我今才做得个狂者的胸次，使天下之人都说我行不掩言也罢。"

尚谦出曰："信得此过，方是圣人的真血脉。"

——《传习录》

所谓良知的是非，就是只管行动，而不用隐藏什么，拥有敢作敢为，敢担当的心胸，就算是天下所有的人都觉得你言行不一致，那又有什么关系？

王阳明曾经对自己的学生坦白地说："在我来到南京之前，我还有着要当老好人的一些想法。但是现在，我已经非常确切地明白了良知的是非，以后只管行动，再也不用隐藏什么。现在的我才真正有了敢作敢为的胸襟，才真正有了担当，就算是天下人都说我言行不一，那也毫无关系了。"王阳明的弟子尚谦赞叹道："先生有这样的担当和信念，才是圣人的真血脉啊！"

1519年7月，王阳明的反间计被朱宸濠识破之后，随即率军回援南昌，半路两万先锋部队与伍文定的五百骑兵相遇，伍文定惨败。王阳明经过思索认为，自己的部队虽然是杂牌军，但是却是正义之师，而朱宸濠的部队尽管是正牌军，可是毕竟经过了长途跋涉，所以决定主动出击。到了二十三日，宁王先锋距离南昌三十公里，气势恢宏，二十四日到达黄家渡

与王阳明的杂牌军遭遇。王阳明排兵布阵，诱敌深入，致对方军队脱节，并趁机出击，消灭掉对方几千人。九江南康的守军此时前来增援，王阳明立刻派两军攻击九江南康，从而将其收复。两军再次开战，开始的时候，朱宸濠的军队占据上风，王阳明战败，死伤数十人。王阳明看到这种情况，将退却的官员拉出去斩首示众，然后让伍文定不要退缩。而他自己也拼命督战，发起进攻。经过这么一折腾，朱宸濠的部队乱作一团，王阳明看到战机再次到来，随即在战船之上挂出悬布，声称宁王已经被擒住，命令手下不得纵杀。不知道消息真假的朱宸濠军队立刻乱了阵脚，惊慌失措，伍文定趁机进军，反败为胜。

吃了败仗的朱宸濠退到樵舍，然后将所有的船连接在一起，并结为方阵，决心第二天与王阳明决一死战。王阳明听到后，模仿赤壁之战，吩咐部队用火攻打，结果朱宸濠的部队因为船连接到了一起，导致进退不能。王阳明下令用火箭向对方船队再次发起攻击，船队火势变得凶猛，敌方将士纷纷落荒而逃，朱宸濠的妃子也投水而死。朱宸濠本人则换上老百姓的衣服，看到芦苇中有一条小船，便跳上了小船，没想到船夫将小船划到了王阳明的军中，直接被王阳明活捉。

宁王朱宸濠被活擒，随即所有的核心人物都一一被捉，到了二十八日，平定叛乱的战争结束。被擒到的朱宸濠大声喊道，我愿意除去自己的护卫，能否将我放掉？王阳明回答，国有国法，军有军规，我不能将你放走。朱宸濠却说，我和皇帝之间乃是家事，与你阳明先生何关，又如何劳你费心呢？如果可以，还是请先生将我的妃子好好安葬了吧。此时的宁王朱宸濠心中非常后悔没有听妃子的话，而导致自己最终的惨败。

朱宸濠从六月十四日起兵谋反到七月二十四日，不过四十天，就落得个被王阳明活捉的结果。其实很多人都觉得，王阳明完全可以不管此事，因为当时既没有皇帝的圣旨，也没有上司的授权，他完全是恰巧碰上了此事，当然可以坐视不管。但是王阳明就是王阳明，他不是那样的人，他倡导知行合一，他的心中有责任、有担当，从12岁开始就立志当圣人，将国家与人民装在心中，从他少年时期独自去边关考察到上疏得罪刘瑾被流放到龙场，他从未有过后悔。

心怀天下，敢为天下挺身而出，他的担当不仅具有高尚的道德情操，更具有圣人的情怀。整个平叛过程之中，山东、福建等邻省的部队根本就没有见到踪影，而且朝中更没有援军到来，他用手中的三万民兵对抗朱宸濠的十万大军，可以说这是战争中的奇迹。但是等到他平叛结束之后，迎来的却是皇帝的御驾亲征和乱臣贼子的诬陷。

王阳明对于自己所做的一切，一直都认为是自己应该做的。他一生立志当圣人，如果是圣人面对这样的情况当然也会选择这么做，担当起自己的责任。面对那些流言蜚语和诬陷，他更觉得没必要解释，没必要辩解，公道自在人心，他只是按照自己的心去做自己该做的事情。如此淡泊宁静，如此敢于担当，王阳明不成圣人都很难吧。

凭什么可以坚持不懈

持志如心痛。一心在痛上，岂有工夫说闲话、管闲事？

——《传习录》

一个人立志很重要，但是守持自己的志向也非常重要。如果守持自己的志向，就应将全部精力集中在志向上，坚持不懈，就可以发挥自己最大的智慧。王阳明从小就立志做圣人，那个时候，王阳明的老师和父亲都觉得王阳明这个伟大的志向幼稚得有些可笑。但是王阳明却将这一志向看成为自己一生奋斗的动力。

1518 年，王阳明正在南赣剿匪。在剿匪的同时，他并没有忘记讲学。在剿匪的业余时间，他会集结弟子一起讨论心学。在赣州，他只要不剿匪、不干公事，就会和弟子们一起静坐祛除人欲，然后再让弟子到现实生活中去锻炼，并告诫弟子一定要诚心诚信。为了大范围内传播心学，为了让更多的人可以去私欲成为正直的人，他在赣州剿匪期间大力兴建书院。据资料记载，他一口气就在赣州城建了义泉书院、正蒙书院、福安书院、镇宁书院、龙池书院这五所书院。建立书院是为了更好地传播心学。王阳明除了建立学校以外，还写下了心学的《教约》，让学生们每天在清晨聚集好之后，扪心自问以下几个问题：爱亲敬长的心是不是有时候会松懈？孝顺自己的父母是否在现实行为之中得到了践行？在人际交往之中自己是不是有什么不得当的地方？每天是否做了什么欺骗自己内心的事情？这些问题如果没有，那就要继续进行。如果发现自己有这样那样的问题，就要立刻改正。

为了让自己的学生更好地理解和学习心学，他还在赣州写下了《大学问》这本书。这本书是心学的入门课程，是王阳明从心学的角度去解读、去诠释儒家经典《大学》，所有对心学感兴趣的人，都要先读这本书，如果哪一个人能够读懂、读透这本书，那么从理论上来讲也就迈进了王阳明心学的殿堂。

做什么事情只要坚持不懈，最终都会获得成功。王阳明就是这样一个为了理想、为了自己的志向而坚持不懈的人。少年时期的王阳明在父亲的眼中是一个做事三心二意的人，一会儿骑马，一会儿射箭，一会儿搞什么军事游戏，一会儿对着兵书发呆，一会儿又钻到道教的典籍之中发愣。用他老爹的话说，鬼才知道这小子整天搞些什么。

到了1489年，王阳明带着自己的妻子回家，途经广信也就是江西上饶之时去拜访了大理学家娄谅。娄谅喜欢佛道两家的思想，深深地理解理学三昧，善于静坐，并将静坐看作进入理学殿堂的敲门砖。那个时候的王阳明尽管读了朱熹的很多书，但是跟许多人一样只是应景罢了，根本就不理解其中的奥秘。于是他就请教娄谅，想得到成为圣人的真正答案。娄谅听后非常自信地回答他：“圣人是靠后天学习获得的。”王阳明心里非常兴奋，因为他一直以来也是这么认为的。接着他问娄谅：“为万世开太平是不是通往圣贤之路的捷径？”娄谅听后不停地摇着头说：“不是，绝对不是。你所说的为万世开太平是‘外王’，只有先‘内圣’了才能做到‘外王’。所以要想成为圣人，就必须先锻炼自己，然后才能去做圣人想做的事情。”

王阳明继续问：“那么怎样才可以成为内圣之人呢？”娄谅听后一字一句地认真回答：“格物致知。”这是朱熹理学让人成为圣人的方法，其实就是讲人在面对自己不知道的事物时，要通过各种方法将它弄明白，等到你弄明白一切事情的道理之后，你就是圣人了。

娄谅告诉王阳明，人生是绝对严肃的。王阳明听完之后回到浙江余姚之后再也没有了以前的那些嘻嘻哈哈的习气，一下子就变成了一个不苟言笑的谦谦君子。苦读朱熹注解的“四书”，别人都是为了应付考试，可王阳明却真正地钻进书中，同时他还钻研各种理学大师的著作。在请教娄谅成为圣人之道的时候，娄谅还告诉他，世界上的一草一木都有道理，只要去格，就能悟出其中的道理，所以王阳明就去格竹子，这一格就是七天，结果什么也没格出来，还把自己弄得大病了一场。后来王阳明遇到许璋，当许璋知道他正在钻研辞章之后，对他说：“辞章属于小技，小技是不能成就大业的，何况是圣贤呢。”王阳明听后非常惊异地问：“那该如何？”许璋告诉他，建功立业才是圣贤的不二法门，所以你应该努力提升军事能力。

从此王阳明扔掉辞章，开始专心学习兵法，后来他的军事才能让他在平叛和剿匪当中创造了一个又一个的军事奇迹。

确立志向一定要“正”

确立志向之时，倘若其志不正，则容易失之偏颇，惨淡收场；其志不高，则容易碌碌无为，一事无成。

——《传习录》

《诫子书》中有句寻常但又耐人寻味的话：不努力学习就不能增长才智，不立志就无法成就学业。这个“志”就是理想，是源自内心的坚定信念。理想是火，点亮希望的灯；理想是灯，照亮前行的路；理想是路，引导我们走向成功。然而，一旦失去了德行，理想又能带我们走多远？

王阳明认为：“确立志向之时，倘若其志不正，则容易失之偏颇，惨淡收场；其志不高，则容易碌碌无为，一事无成。”

王阳明和同辈人不一样，他从小立志要做圣人，也就是去探究宇宙人生的奥秘。为此，他习读百家书，曾遵从朱熹的“格物致知”去格万物，最后从陆九渊那里找到了圣人之道，还领悟出了“知行合一”的道理、王阳明的哲学，不仅可以用于政治，比如扳倒严青的徐阶就是受其影响；也可以用于军事，比如他自己平定了很多次的叛乱。一介文人，作战百无一失，在中国历史上是绝无仅有的，而他所做的，只是一直在修养自己。只要火候到了，就如同鱼跃龙门，化身为龙，自由地游走在天地之间，无往而不利。

志向对于人来说，其实是未来行动举止的驱动力，没有志向的人如同旋转的陀螺，不知道停下的位置在哪里。正如先贤孔子所说的一般："志于道，据于德，依于仁，游于艺。"意思是说，将天地道义的实现作为自己终生奋斗的目标，然后用道德的标尺来约束自己，以仁义作为自己处世的原则，同时还要学习六艺来丰富生活的内容。道德之性是实现人生目标必不可少的重要条件。而其中最重要的前提便是树立高远的志向，以志向来引导前进的方向。

秦朝丞相李斯年少时跟随荀子念书。由于家境贫寒，经常食不果腹。一日，李斯在厕所里看到粪坑中的老鼠，又小又瘦，一见到人就惊慌逃窜。过了几日，李斯去米仓盛米，看到一只在米仓中偷米吃的老鼠。这只老鼠又肥又大，见着李斯不但不逃跑，反而瞪着眼很神气地看着他。李斯觉得很奇怪：为什么厕所中的老鼠见着我就拼命地逃跑，而这只老鼠见着我不但不逃跑，反而还敢瞪我呢？

李斯陷入沉思，反复琢磨两只老鼠间的差异，终于悟出了一个道理；又小又瘦、见人就逃的老鼠，是没本事没靠山、被欺负惯了的老鼠；而又肥又大、见人不避的米仓老鼠，认为自己很有本事，还有靠山，所以敢见人不避，目空一切。李斯突然觉得，现在的自己就像厕所里的那只小老鼠，非常可怜。于是，李斯暗暗发誓：做人也要如此，要做就做米仓中的大老鼠，绝不做那可怜的粪坑老鼠，不但吃不饱，还受欺负！

悟出这个道理之后，李斯便告诉荀子自己不读书了。荀子问他不读书要去做什么，李斯说要去游说诸侯，求得功名富贵。就这样，李斯半途荒废了学业，开始追求富贵功名的人生。后来，李斯得到秦始皇的信任，当上了秦朝丞相。他在为人处世中处处奉行“老鼠哲学”——仰仗秦始皇的信任和自己的地位，打击陷害异己忠良，贪赃枉法，肆无忌惮。秦始皇死后，李斯便落了个五马分尸的悲惨结局。

米仓中的老鼠激励着李斯立下了人生的大志，但是“老鼠哲学”却又让李斯一败涂地。“据于德，依于仁，游于艺”固然重要，但人生全部的努力及其方向，更多地源于我们确立的志向。

然而，高远的志向只是心之所向的念想，如何将之付诸实践呢？对于这个问题，不同的人会做出不同的选择。而最典型的莫过于“依于仁，游于艺”，抑或徘徊于二者之间。

苏轼与佛印出游，看到一个木匠在做墨盒，于是即兴对诗。佛印曰：“吾有两间房，一间凭与转轮王，有时放出一线路，天下邪魔不敢当。”苏轼淡然一笑，对曰：“吾有一张琴，五条丝弦藏在腹，有时将来马上弹，尽出天下无声曲。”

同样一根线，苏轼与佛印看出了不同的人生哲理。佛印说的是眼前所见的墨盒里的线，用的时候要拉出来，非常直，就像为人处世所坚持的原则和底线，天下邪魔看到他的正直都不敢靠近。他强调了端直的人品和操守对实现人生目标的重要性。再看苏轼所言：我也有丝弦，不过不像墨盒的线那样要拉出来，而是藏在我心中。苏轼用弹奏只有自己能够明白的天籁之音来比喻他的人生——追求自由自在的欢愉。

上述二人不同的人生态度分别代表了中国人格理想上的两个支点："仁"是嘈杂世界中生命自我选择与坚持的力量；而"艺"是令我们心神荡漾、触目生春的欢愉。这两点之于生活，就如阳光雨露之于草木，缺一不可。然而最为重要的还在于"志于道"。

王阳明高度强调道德的自我完成，在他看来，凡墙都可以是门，只有树立远大的抱负，循着高尚而伟大的理想之路从心头做起，才不至于鼠目寸光，荒废一生。

一定要坚持自己的“心想”

志立而习气渐消。学本于立志，志立而学问之功已过半矣。

——《传习录》

关于如何立志，王阳明做了一个非常精当的比喻。他说立志用功，就像种树一样。当从根上长出芽来的时候，还没有干，当有干的时候还没有枝，先有枝然后才有叶，先有叶然后才有花实。当你开始种根时，你只管栽培灌溉，不要去想枝，不要去想叶，不要去想花，不要去想果实。悬空去想有什么好处呢？只要不忘记栽培灌溉，还害怕没有枝叶果实吗？这个比喻很形象地告诉了我们应该如何立志。

风筝能飞多远，关键在于手中的线有多长。如果线断了，再好的风筝也飞不起来。我们想要成功的心，就是牵着风筝的线，不要让线在风筝飞上云端之前断掉，更不要在“心想事成”之前放弃最初的念想。成功不仅需要奋力拼搏，更需要一份坚持不懈的动力。

王阳明作为“心学”的创始者，强调个人的主体意识和自主精神。他认为，只要心中不忘存天理，就是立志。不忘记这一点，久而久之心自然会凝聚在天理上，就像道家所说的“把凡胎修炼成圣胎，如此将天理时刻铭记”，逐渐达到宏大神圣的境界，也是从心中最初的意念不断坚持并发展下去。

“心之所想”虽然只是停留在脑海中的意识，看似虚无缥缈，却有着不可小觑的力量。王阳明所言的“念念存天理”，就是用我们的意念影响我们的思维。当心存念想时，就能做到心无旁骛、专心致志；倘若心无所思，则难以排除杂念，陷入胡思乱想之中。

“心之所想”的力量远不止于此。在奋力追求成功的人生道路上，“想成功”是必不可少的前提条件。缺少这份“心之所想”的动力，抑或受外界干扰而无法将之坚持到底，则难以发挥自身潜在的能力，难以超越自我，挑战极限。

明朝后期是中国古代科学技术史上最灿烂辉煌的一段时间，此时出现了一位伟大的地理学家、探险家——徐霞客。

徐霞客自幼聪明好学，喜欢读历史、地理、游记之类的书籍，立志长大之后遍游国家的大好山川。

但是父亲去世后，老母无人照顾，徐霞客的游历计划被打断，终日闷闷不乐。母亲看出他的心思，对他说：“男儿志在四方，哪能为我留在家里。”母亲的支持，坚定了徐霞客远游的决心。

徐霞客有了勇气和力量，便辞别母亲开始游历。他先后游历太湖、洞庭湖、天台山、雁荡山、泰山、武夷山和北方的五台山、恒山等名胜，并且记录下各地的奇风异俗和游历中的惊险经历。

几年后，徐母去世，徐霞客便把全部精力放在游历考察事业上。他跋山涉水，到过许多人迹罕至的地方，攀登悬崖峭壁，考察奇峰异洞。

在湖南茶陵，徐霞客听说这里有个深不可测的麻叶洞，便决心探访。可当地人说洞里有神龙和妖精，没有法术的人不能进去。刚走到洞口，向导得知徐霞客不会法术，就吓得逃跑了。徐霞客毫不动摇，手持火把独自进洞探险。当他游完岩洞出来的时候，等候在洞外的当地群众纷纷向他鞠躬跪拜，把他看成是有大法术的神人。

徐霞客白天考察，晚上就借着篝火记录当天的见闻。30多年中，他走遍祖国南北，对曾走过的地方的地理、地质、地貌、水文、气候、植被作了深入细致的调查研究，并用日记形式进行了详细、科学的记录。徐霞客死后，这份记录由他人整理而成闻名世界的《徐霞客游记》。

很多人心有所想，却难以为了愿望而坚持不懈地努力下去，难以为了那个目标而坚定地执行下去，因为总是会被来自外界的各种各样的俗务所干扰，每个人都向往成功，但是心有所想的同时还要排除外界的干扰，要在心里不断提醒自己，不断朝着目标前进，虽然当我们想着“下次考试提高二十分”“一个月减肥十公斤”“毕业后就要买房”的时候，自己都不太相信，因为这些都是身边无数人没能实现的目标，然而，倘若就这样气馁了、放弃了，那我们距离成功将越来越遥远。我们要相信自己的心之所想，清楚地告诉自己想要的是什么，并为之而努力奋斗，想都不敢想的事情，未必就是我们无法做到的事情。大胆地坚持心之所想，方知自己的潜力有多大。

做自己认为有价值的事情

曰："未便是中，莫亦是求中功夫？"

先生曰："只要去人欲、存天理，方是功夫。静时念念去人欲、存天理，动时念念去人欲、存天理，不管宁静不宁静。"

——《传习录》

做人做事，只有去掉那些乱七八糟的想法，才能让自己平静下来，才能避免犯错，才能获得进步。

陆澄问先生："喜怒哀乐这些情绪还没有发生就是中，宁静也是求得'中'的境界功夫吗？"王阳明回答："只有将心中那些乱七八糟的念头去掉，修养心性，认识天地万物的自然规律，这才是真正的功夫。也就是说，人不仅要在心内安静时这样去做，在心动的时候也不要忘记按这样去做，而不去理会静或者不静，才能真正认识自己的内心，去做自己该做的事情。"

王阳明被贬谪后，在他躲过了刘瑾的追杀，不辞辛苦，翻山越岭来到贵州这个深山之中的龙场之时，龙场驿站的老站长用一种他们想象不到的兴奋热情接待了他。这位老站长其实并不是真的这么热情接待他这位不远万里从京城流放而来的官员，而是他兴奋自己的差事终于有人来接替了。因为兴奋，也因为对于王阳明的同情，这位老站长将自己在这里三年的生存经验全部无条件地传授给了王阳明。而这些生存的经验对于他来说，只要走出这驿站，根本就没有其他用途，也无须保留什么。他告诉王阳明，在这里想要生活下去，就要注意五点：第一，不能和陌生人说话。这里住的都是少数民族，与中原的人完全没有语言上的沟通，而且他们发起火来异常凶猛，非常要命的是他们好像时时刻刻都在发火。除了少数民族，就算是中原人，也不要轻易与他们说话，因为这些人大多都是亡命之徒，要不就是逃避官府制裁的人。这些人个个心狠手辣，比那些少数民族强不到哪里。第二，这个地方空气质量相当差，是一个瘴疠肆虐之地，所以尤其要注意早上和晚上瘴疠之气四处飘散，稍不留意就会中毒，威胁到生命。第三，这里是野生动物园，什么熊出没，老虎豹子觅食都可能出现。第四，这里是属于荒芜之地，尽管大明朝规定驿站必须由政府供应粮食，但是政府供应的粮食一年才来一次，想要生存就必须学会

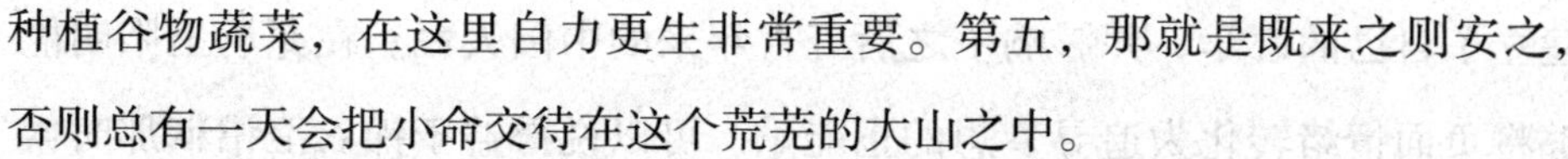

种植谷物蔬菜，在这里自力更生非常重要。第五，那就是既来之则安之，否则总有一天会把小命交待在这个荒芜的大山之中。

老站长传授完经验之后，乐呵呵地收拾好行李拍拍屁股一走了之，剩下王阳明和他的随行人员傻愣愣地看着这穷山恶水之地。对于刚刚到达龙场的王阳明而言，并没有那么多时间发表感慨，表达自己内心的那份失落，因为他们面临着吃喝住行等一切问题。没办法，将那些失落与悲苦暂且抛到九霄云外吧，毕竟生存才是第一要素。于是乎他们不分主仆，开始搭建茅草屋，去森林里找吃的，不和土著族说话，在瘴疠横行的时候用仅有的医学知识采集药材祛除瘴疠之毒，还有就是开垦土地，种植蔬菜粮食。

王阳明面对如此恶劣的环境，并没有像在锦衣卫的大牢之中那样哀怨，他同样想圣人在这样的环境之中该怎么办，他依然将这里当作自己追寻圣人之路上的考验。很快他就将自己心中那点滴的负面情绪抚平，转而化作前行的力量。为了缓解随行人员的压力，他将自己居住的山洞、搭建的茅草屋等等都起了一个特别雅致的名字，后来他还发现前任所说的土著族并没有那么野蛮，其实他们只是表面上粗野，而心思却跟孩子一般单纯，并且性格直爽。在王阳明心中，这些少数民族的良知根本就没有泯灭，所以他慢慢与之接触，教他们种菜种粮，教他们盖房子。如果说此时的王阳明内心已经非常强大，已经超脱了荣辱得失，但是他毕竟是个肉体凡胎，面对这样的环境总会有心情起伏的时候。每每这个时候，他就开始静下心来打坐，并为自己打造了一副石棺，用心去参透生死之间的奥秘。终于在某一天的夜晚，他悟出了人生的真谛——“圣人之道，吾性自足”，并开始在这里讲学，起初他只是请那些少数民族来听，并没有多想，但是没想到后来他讲学的事情逐渐被周边知晓，很多人都慕名前来听讲。

龙场悟道，有人说是王阳明道家思想的结晶，有人说是禅悟，有人说是儒家思想与心学思想的碰撞。其实这些并不重要，重要的是王阳明从此建立了自己的心学，并影响了之后五百年来的中国人民。在龙场王阳明能够将负面情绪转化为追寻梦想的正能量，可以说得益于锦衣卫诏狱那时候的思想斗争。可以说，如果没有那时候的王阳明，就没有龙场悟道的王阳明。

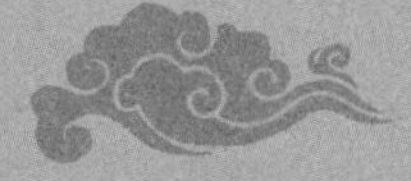

第五辑

内心端正，良知在心能做圣人

王阳明认为，良知就是指德性之知，是说道德品格。“世之君子，惟务致其良知，则自能公是非，同好恶，视人犹己，视国犹家，而以天地万物业体，求天下无治，不可得矣。”在王阳明看来，人只有“致良知”才能做到“公是非，同好恶，视人犹己，视国犹家”，从而达到天下大治。所以，致良知、塑品德应该是一个人修心的最大追求。

心正，再邪恶的鬼也不怕

澄问："有人夜怕鬼者，奈何？"先生曰："只是平日不能'集义'，而必有所谦，故怕。若素行合于神明，何怕之有？"子莘曰："正直之鬼不须怕，恐邪鬼不管人善恶，故未免怕？"先生曰："岂有邪鬼能迷正人乎？只此一怕，即是心邪，故有迷之者。非鬼迷也，心自迷耳。如人好色，即是色鬼迷；好货，即是货鬼迷；怒所不当怒，是怒鬼迷；惧所不当惧，是惧鬼迷也。""定者，心之本体，天理也。动静，所遇之时也。"

——《传习录》

小时候，总喜欢听大人们讲鬼故事，而且越害怕越想听。长大后才明白，原来所谓的鬼并不存在，那些鬼故事也都是人们杜撰出来的。随着年龄的逐渐增长，开始顿悟，所谓的鬼，其实只是人心中的一种意念，它并非存在于外界的环境之中，而是存在于人的心中。比如，某个人做事鬼鬼祟祟、不光明正大，我们就会说他"心中有鬼"；如果某个人好色，我们称之为"色鬼"；如果某个人贪财，我们称之为"贪财鬼"；如果某个人一味地追求权力、官职，我们称之为"权力鬼"；如果某个人凡事冲动、爱发脾气，我们称之为"怒鬼"。总之，所以有鬼的存在，都是因为内心的邪念所致。

据说，有一个书生上京赶考，傍晚时准备投宿一个宅院。有人告诉他，他要住的那个宅院曾有人上吊而死，从那以后，园子里就时常闹鬼。有好

几个在那里留宿的人，第二天被发现也吊死在那里。然而，这个胆大的书生偏偏不信这个邪，“明知屋有鬼，偏向鬼屋行”，直奔那个宅院而去。

进了宅院后，书生随便找了一个房间，倒头便睡。三更时分，书生听见有动静，起身看时，房间灯火通明，一个衣冠楚楚的人走了进来，手中拿着一个圆形的大圈子。那人对书生说；“你看，我的圈子里有美妙的风景，幸福的生活。”书生望了望那圈子，果然圈子的另一边亭台楼阁，翠树绿草，鸟语花香。那人道：“看，多美好的地方，多美好的生活，你难道不想要吗？伸过头来看一看，钻过去吧。”书生答：“真是个好地方，让人心动。”于是，书生伸了一条胳膊到圈子的那一头。那人道：“一条胳膊怎么够？”书生就又伸了一条腿到圈子里。书生说：“我很喜欢那看起来的美好，所以伸只胳膊伸条腿去体验体验。但是我有现在的生活，努力也会过得好，所以我不会钻过去的。”那人见书生始终不肯钻过去，无奈地叹了口气，扔下圈子，消失不见了。屋子里恢复了黑暗。

第二天早晨，书生起来，看到地上有一个绳套。倘若这个书生也被圈子里面美好的地方和美好的生活所迷惑，那么第二天房梁上又会多一个吊死的冤魂。

这个故事告诉我们，一个人只要心正，不被虚假的美好所迷惑，不论走到何地，遇到何事，都能够心安理得，没什么好害怕的；反之，如果一个人心术不正、唯利是图，则会被虚假的美好所迷惑，从而使自己掉入别人事先设计好的圈套之中。“平生不做亏心事，半夜不怕鬼敲门。”事实正是如此，一个守得住自我内心的人，总能够逢凶化吉，化险为夷。

王阳明说：“心之本体，天理也。”这句话说明，如果一个人能够守得住心之本体，不论是鬼的诱惑还是鬼的恐吓，都不会令他上套或者产生恐惧。鬼不仅喜欢诱惑人，更喜欢吓唬人。《阅微草堂笔记》中有一个故事，说有位许先生和一位朋友住僧寺读书，半夜时从墙壁中钻出一个人来，其脸大如箕，双目如炬。友人吓得两脚颤抖，而许先生从容地穿好衣服说：“正想看书，苦于没有蜡烛照明。你来得正是时候。”于是拿了一本书，背对着鬼坐了下来，大声朗读了起来。没读几页，灯光变暗，鬼脸缩回墙壁里去了。又一天半夜，许先生正上茅厕，鬼脸又从地上涌出，许先生顺手把蜡烛放在鬼的头顶上，说；“我正愁没有烛台，你来得正好。”鬼看着他一动不动。许先生说：“你什么地方不能去啊，偏偏要到这里来闻屎味。你既然来了，我也不能怠慢你。说着就用擦屁股的草纸擦了擦鬼的嘴巴。随即鬼一阵呕吐，狂吼几声，缩回地里去了。从此以后，他们那儿再也没出现过鬼脸。

所以说，如果一个人怕鬼，则说明他的心中有“鬼”。只要我们能够时常关注自己的内心，摒除心中那些好色、贪、痴、怒等邪念，使正义和善念常存心中，如此一来，就算有再多的“鬼”来恐吓你、诱惑你，你依然能够做到面不改色、淡定自若。

品德是修心的最大追求

良知者，心之本体者也。心之本体，无起无不起，虽妄念之发，而良知未尝不在。

——《传习录》

儒家强调道德修养的重要性。孔子就认为君子应“志于道”，做到“行己有耻”；儒家认为“有德者必有言，有言者不必有德”，还强调言行一致，坚持“君子耻其言而过其行”。

什么是良知？王阳明在《传习录·答陆原静书》里说：“良知者，心之本体者也。心之本体，无起无不起，虽妄念之发，而良知未尝不在。”

这话虽然说得玄妙，但从《传习录》里我们可以知道，孝佛礼智信就是最简单的良知。

据说，王阳明夜间捉了一个入室偷窃的贼人。他对贼人讲了一番良知的道理，谁知，窃贼却大笑，反问他的良知在哪里。正值酷暑，王阳明就请窃贼把衣服脱掉，窃贼犹豫了，王阳明说：“这就是你的良知。”

其实，这里说的良知就是做人做事的道德底线。一个人有了良知，又能按照良知的标准去做事情，那就是一个君子，德行高尚。

春秋时期晋国大夫祁奚年老请退，晋侯公就问他谁可接任。祁奚就推荐了他的仇人解孤，晋侯公问：“他不是您的仇人吗？”他说：“主公问我谁合适接替我的职务，并没有问谁是我的仇人哪！”解狐未上任就死了，悼公又征求他的意见，他推荐了祁午。晋侯公问："祁午不是您的儿子吗？"他说："主公问谁合适接替我的职务，并没有问谁是我的儿子啊！"不久，中军尉的副手羊舌职死了，他又向悼公推荐了羊舌职的儿子羊舌赤继任。结果，祁午、羊舌赤干得都很好。当时人们都很佩服祁奚，说他"外举不避仇，内举不避亲"。

所以，史书用"没有偏爱，没有结党，王道坦坦荡荡，会正无私"这句话来形容祁奚是再合适不过的。

古人一言一行，必思合乎道而顺乎德。遗憾的是，今天我们的良知却常常被物欲蒙蔽。虽然人们都拥有良知这个本体，但是不修习提升，非但成就不了我们的德行，甚至会为恶。在王阳明看来，一个人若"只为私欲窒塞，则渊之本体失了"。而化解的唯一方法就是"致良知"，按照良知道德的标准行事。

很多人可能会说良知"纯粹至善，不虑而知"，只要随着本心发动，我们自然就是善的，德行自然就是高的。道理没错。但是我们却把"致良知"、"塑道德"想得太简单了。"致良知"一定要"行"，不是说你知道偷窃不对，就已经叫致良知了；而是说，即便我们当下饥寒交迫，仍然秉持着道德的要求，不去偷窃，才是真正的"致良知"。人必须在关键选择时，遵循本心而不放纵自己，做到本心所要求的事情，那才叫真正有品德。

王阳明曾经说，自己平生所教，只有"致良知"三字。他的"四句教"后两句说："知善知恶是良知，为善去恶是格物。"这里他言简意赅地表述了"行"的要义。放在当下，这些话仍具有现实意义。

其实，修心养德，并不是一次性"致良知"。致良知需要人们不间断地在事物上历练，去正心。大树必须从树根培育，修心成为君子必须以培养道德为重。王阳明在《传习录》中要求我们守住心性，加强道德的自我修养。就如同种树要砍去杂乱的枝杈一样。如此修身养心，专一悟道，我们终能有所成就。

始终保持慎独之心

除了人情事变，则无事矣。喜怒哀乐非人情乎？自视听言动，以至富贵贫贱、患难死生，皆事变也。事变亦只在人情里，其要只在致中和，致中和只在谨独。

——《传习录》

登山者不要被沿途的风景所吸引，否则无法看到山顶上美丽的日出；沙漠中的绿洲只是一个补充水源的驿站，如果驻足不前，那么永远走不出沙漠。人生之路漫漫，面对各种各样的诱惑，我们要保持一颗慎独的心，不被路边的美景迷眼，不被靡靡之音乱耳，只有这样，我们才能走得更远。

保持一颗慎独之心对于人生有着重要的意义，王阳明也是这样认为的。他说："除了人情事变，则无事矣。喜怒哀乐非人情乎？自视听言动，以至富贵贫贱、患难死生，皆事变也。事变亦只在人情里，其要只在致中和，致中和只在谨独。"这段话的意思是：人除了人情事变外，也就没有其他事了。喜怒哀乐难道不是"人情"？从视、听、言、动，直到富贵、贫贱、患难、生死，都是所谓的"事变"，事变也表现在人情上，它的关键要点就是"致中和"，而"致中和"的关键在于"慎独"。所谓慎独，就是在独处中谨慎不苟。这个很值得玩味的经典词汇出自《礼记·大学》中的"此谓诚于中，形于外，故君子必慎其独也"。《大学》一书对慎独这个词进行了比较精确的诠释：一个真正的君子，应该内外兼修，不要做自欺欺人的事情，对于丑恶的事情要尽量地避开，对于美好的事物要积极地寻取。反之，如果一个人在失去了外界监督的情况下什么事情都敢做，那肯定是一个伪君子。

慎独是儒家思想的一个重要概念，按照“儒风五行”的规定，它是五种“形于内”的“德之行”。从心学的角度来看，慎独是一种超越仁义礼智圣之外的形成于内心的一种独特的状态，这种状态舍弃了仁义礼智圣在形式上的各种标签和属性，而是将其当作为一个有机的整体共存共生，让它们在内心世界中实现了“大一统”。如果慎独表现出一种“行为症状”的话，那么它就是内心的一种专注和专一，或者说，是指一个人内心深处对“德之行”的修炼层次和状态。

1506年，正直的王阳明因为反对权宦刘瑾，被贬至贵州龙场。明朝时期，龙场是一个封闭落后的近乎于原始部落的地方。可是，即便在这个与世隔绝、无人监管的地方，王阳明还是一如既往地以圣人的标准要求自己，没有自甘堕落。他在《初至龙场无所止结草庵居之》中说道：“缅怀黄唐化，略称茅茨迹。”王阳明借这句话想要表达的意思是：以前的尧舜都曾住过茅草棚，但是他们并没有变成一个纯粹的野蛮人，而是追求音乐，仍然讲究礼仪，就像生活在文明世界中一样。

正是因为时刻保持着一颗慎独之心，王阳明才能在简陋的环境里静下心来做学问，因此才有了著名的“龙场悟道”。王阳明认为心（心即理）是万事万物的根本，世界上的一切都是心的产物，“圣人之道，吾性自足，向之求理于事物者误也”，能否保持一颗慎独之心反映了一个人道德水平的修养程度，也反映了一个人品行的操守境界。王阳明之所以能够十年如一日地研究心学，是因为他时刻保持慎独之心，这样他才能不被外物干扰，保持着平和的心态。

社会上有些人在人前表现得道德高尚，人后却卑鄙无耻，这是因为没有一颗慎独之心的缘故，我们每个人都应该努力做到慎独，时刻注意清理思想深处隐而不显的不健康因素，反省在微小的事情上暴露出来的错误观念，不要拒绝慎独，不要放任自流，因为人的本性缺乏束缚就如同脱缰的野马，撒欢之后再想收拢回来就会显得千难万难。

君子当养浩然正气

一谓至大至刚的昂扬正气，二谓以天下为己任、担当道义、无所畏惧的勇气，三谓君子挺立于天地之间无所偏私的光明磊落之气。

——《传习录》

俗话说：“身有正气，不言自威。”我们处于鱼龙混杂的社会中，必须树立正气，必须有正义感。有了一腔浩然正气，才能无所畏惧地前进，才能不屈不挠地建功立业。

弟子问王阳明：“鲜有些人夜里不怕鬼，是怎么回事呢？”

王阳明回答说：“是因为他平时的行为不合于义，内心有所愧疚，所以会怕。若他平日的行为合乎道义，是不会害怕的。”

王阳明奉旨前往广西平乱，到了之后，他了解到汉族官兵与少数民族之间的矛盾是引起当地少数民族起义的原因，王阳明认为如果以武力进行压迫，可能会使双方的矛盾越积越深，这样冤冤相报何时才能了？于是，王阳明开始寻找机会，想要缓解双方的矛盾。

这个时候，王阳明获知反抗首领哈吉的母亲卧病在床，就赶紧派跟随自己的医生去给哈吉的母亲看病。不出几日，在医生的治疗下，哈吉的母亲能够下床走路了。但是出于双方是敌对关系，哈吉并没有过多的表示。之后，哈吉从医生的口中听说了王阳明为人，而且得知用来医治母亲病的药都是王阳明自己本人所必需的。王阳明在哈吉心中的好印象大为加深。

随后，王阳明写了一封信给哈吉，实事求是而又诚恳谦虚地劝哈吉要从大局出发，和睦相处为妙。哈吉早已被王阳明高尚的人格所折服，这封信正好说到了他的心坎里。就这样，王阳明未用一兵一足，只是晓之以理，动之以情，便解决了叛乱问题。

孟子说养气修心之道，虽爱好其事，但一曝十寒，不能专一修养，只能算是知道有此一善而已；必须在自己的身心上有了效验，才算有了证验的信息；进而由“充实之谓美”直到“圣而不可知之谓神”，才算是“吾善养吾浩然之气”的成功。

何为浩然正气？王阳明说：“……一谓至大至刚的昂扬正气，二谓以天下为己任、担当道义、无所畏惧的勇气，三谓君子挺立于天地之间无所偏私的光明磊落之气。”可见，浩然正气便是由这昂扬正气、大无畏的勇气以及光明磊落之气所构成。有些人表面上很魁伟，但与之相处久了就觉得他猥琐不堪；有些人毫不起眼，默默无闻，却能让人在他的平淡中领略到山高海深的浩然正气。正是因为后者具有正直如山的品质，才能让人感受到他的一身正气。

古今之成大事者，心中都有大气象。正是“笑览风云动，睥睨大国轻”，“俯仰天地之气概”，“力拔山兮气盖世”，这就是浩然正气。

养浩然正气并非易事。《孟子》中有言，是集义所生者，非义袭而取之也。在孟子看来，浩然正气是正义的念头日积月累所产生的，不是一时的正义行为就能得到的。关于“集义”，王阳明认为做每一件事都应符合良知的要求，这样才能将心中的浩然之气壮大起来，再遇到其他事情就更能以良知为指导，从而达到“从心所欲不逾矩”的中庸境界。浩然正气是人的精神“脊梁”，是抵御歪风邪气的“屏障”。正气长存，则邪气却步，歪风止歇、正气长存，则清风浩荡，乾坤朗朗。由此看来，要养浩然正气，就要做正直之人，诚实地对待生活中的每一件小事，日积月累，不断壮大。

真诚做人，诚信立德

种树者必培其根，种德者必养其心。

——《传习录》

子张问如何才能使自己到处都能行得通。孔子说："说话要忠诚可信，行事要敦厚恭敬，即使到了遥远的边荒地区，也可以行得通。如果说话不忠信，行事不笃敬，就是在本乡本里，能行得通吗？站着，仿佛看到'忠信笃敬'这几个字显现在面前；坐车，就好像看到这几个字刻在车辕木上，这样才能使自己到处行得通。"

王阳明对孔子的话是这样解释的，即一个人说话有信用，行为很诚恳，哪怕在蒙昧辽远的地方也能顺利自由地行动；反之，即使在自己熟悉的家乡，也会处处难行其道。大师在这里还指出：真诚是打开这个世界的一把金钥匙，你可能是一个一文不名的穷人，你可能一再地跌倒，至今仍然没有功成名就，但这些都不重要，重要的是如果你拥有了真诚，就不会有人不尊重你。

众所周知，诚信自古以来被认为"为人""处事"之本。一个人如果不讲信用，他就会受到人们的藐视。言行要一致是做人立身之本。一个人只有"言必行，行必果"才能获得别人和社会的信任。

《小畜卦》上说："风行天上，小畜。君子以懿文德"。意思是说，"无以诚不能定天下，无以信不能服天下"。经商做买卖若要成功应该诚信；为人处世要得到别人的信赖与欣赏也要做到诚信。很显然，诚信是君子立德之基。

王阳明说，只要人们能够胸怀诚信之心，便能排除万难、逢凶化吉。这个观点同孔子的观点是一脉相乘的。孔子的“言忠信，行笃敬，虽蛮貊之邦，行矣；言不忠信，行不笃敬，虽州里，行乎哉”讲的就是一个人说话有信用。

事实又何尝不是如此呢？无论是古代还是现代，诚信都是生活常识。统治者与百姓之间如果盟约信用，就不会朝令夕改；国与国之间如果没有诚信，发重誓订下的盟约，回头就会变成一张废纸。所以，诚信问题就是生存问题。

诚信无价。虽然一时的坦诚可能会损失眼前的利益，但换来的却是比金钱更重要的信任，收获的是长远的利益。

远在公元前4世纪的意大利，有一个名叫皮斯阿司的年轻人无意中触犯了国王，被判处了绞刑，选定了一个法定的日子要被无辜处死。

皮斯阿司是个孝子，在临

死之前，他恳请国王能够允许他与远在百里之外的老母亲见上最后一面。国王感其诚孝，决定让皮斯阿司回家与母亲相见，但给他提了一个条件，那就是皮斯阿司必须找到一个人来替他坐牢，倘若他不回来的话，替他坐牢的人就要代替他被绞死。

这近乎是一个不可能实现的条件。有谁肯冒着被绞杀的危险替他坐牢呢？这岂不是自寻死路？然而，却真的有人不怕死，而且真的愿意替皮斯阿司坐牢，他就是皮斯阿司的朋友达蒙。

达蒙住进牢房以后，皮斯阿司回家与母亲诀别。人们都静静地看着事态的发展。日子如水，皮斯阿司一去不复返。眼看刑期在即，皮斯阿司也没有回来的迹象。人们一时间议论纷纷，都说达蒙上了皮斯阿司的当。

行刑日是个雨天，当达蒙被押赴刑场之时，围观的人都在笑他的愚蠢，那真叫愚不可及，幸灾乐祸的也大有人在。但刑车上的达蒙不但面无惧色，反而有一种慷慨赴死的豪情。追魂炮被点燃了，绞索也已经挂在达蒙的脖子上。有胆小的人吓得紧闭了双眼，他们在内心深处为达蒙深深地惋惜，并痛恨那个出卖朋友的小人皮斯阿司。

然而就在刽子手将屠刀举起前的瞬间，人们听到了从雨声中传来的呼喊：“我回来了，我回来了！刀下留人，不要杀我的朋友！”

人们在惊诧中回过神来，只见皮斯阿司从远处飞快地奔跑过来，一边跑一边挥舞着手臂，同时大声喊着。

这个令所有人感动的消息像雨声中的呼喊一样，很快传进了王宫，传到了国王的耳朵里。国王似乎不敢相信。他亲自来到刑场，召见皮斯阿司和达蒙，确认之后大为感动，当场赦免了他们的死罪，并给予厚重赏赐。

诚信就是诚实、守信用、重承诺、负责任。诚信是“为人”“处事”之本。一个人如果不讲信用，那么人与人之间就无法正常交往乃至沟通，整个社会也将无法维持正常的秩序，他就会受到人们的藐视；一个企业如果不讲诚信就会使企业蒙损，严重时可能影响到企业的生存和发展。

上面的这个小故事就非常好地验证了这个道理：在艰难困顿之中，如果确实能够做到守诺诚信、信念坚定、内心诚实，就能看到光明亨通，使人们能够跨越艰难险阻，走出困境。

诚实守信，总是围绕着每一个人，可有多少人能做到这一点呢？背信弃义与讲信用就像是一对孪生兄弟，它们穿越历史长河，直到今天，依然与人类同在。

修名不如修德

多省前言往行，以畜其德。

——《传习录》

王阳明说：“多省前言往行，以畜其德。”这句话就是告诉我们，生活中我们要多学习前贤圣人的言行，并以此来修养、积攒自己的德行。

但在王阳明看来，事实却并非如此。自古至今，许多人往往更喜欢追名逐利，而不去积攒德行。历史上许多大的灾祸，就是由此而引发的，正所谓“修名不如修德”，修名者往往身败名裂，而修德者可以独善其身。

王阳明的话一点不假，唐朝的大将郭子仪就是一个很好的例子。

郭子仪是唐朝战功赫赫的大将。想当初，郭子仪带兵平定安史之乱，击退吐蕃的入侵，在朝野有很高的威望。而奸臣鱼朝恩却嫉恨郭子仪的功劳，他多次向皇帝进谗，百般诋毁他。

郭子仪面对诬陷，却是心平气和，没有一点怨愤的样子。他手下的将士认为他懦弱，对他说：“将军手握重兵，功高无比，如果不惩治那些小人，他们会更肆无忌惮了。只要您一声令下，我们就会杀了那些朝中小人，绝不连累将军。”

郭子仪制止了他们，说：“现在国家有难，我又担任军中统帅，责任重大。倘若随便发怒，和奸小相抗，敌人就会有机可乘了。自古就有忠有奸，我不能因为私怨而坏了国家大事啊，请你们明白我的苦心。”

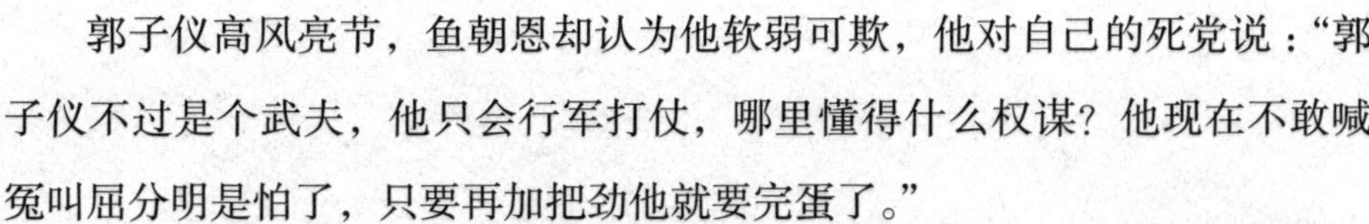

郭子仪高风亮节，鱼朝恩却认为他软弱可欺，他对自己的死党说：“郭子仪不过是个武夫，他只会行军打仗，哪里懂得什么权谋？他现在不敢喊冤叫屈分明是怕了，只要再加把劲他就要完蛋了。”

一次，郭子仪小有失败，鱼朝恩便诬陷他用兵不力，结果朝廷夺了他的兵权，把他召回朝中，改任闲职。人们为他感到不平，郭子仪反倒安慰众人说：“我出征在外多年，回朝正好可以歇息调养，这并不是件坏事，你们应该为我高兴才是啊！”

郭子仪的儿子心中愤怒，他对父亲说：“奸人变本加厉，现在父亲的兵权也没有了，难道父亲还要忍吗？父亲如果当初和他们对着干，就不会落到这步田地。”

郭子仪教训儿子说：“我身为统帅，皇上总是放心不下的。奸人害我，因为奸人深受皇上的信任，他们这才敢对我下手。我若不加忍耐，事情只会更坏。他们苦苦相逼，就是让我走入他们的圈套啊！”

郭子仪猜想得一点不错，鱼朝恩等人就是想逼迫他抗争，他们好借机把郭子仪置于死地。但郭子仪没有上当，躲过了大的劫难。

后来，鱼朝恩又派人挖了郭子仪的祖坟，郭子仪还是忍住了。鱼朝恩气急败坏，始终无法除掉他。

郭子仪修身避祸的故事在今天仍可警示世人：在现世生活中，不争名不逐利，洁身自好，修养好自己的品德，这是消灾避祸的良药啊。

待己待人拿出真诚心

若以诚意为主，去用格物致知的功夫，即功夫始有下落，即为善去恶无非是诚意的事。

——《传习录》

王阳明曾对弟子聂文蔚说："良知只是一个天理，良知的自然明白呈现就是真诚恻隐，这是它的本体。用致良知的真诚恻隐去侍奉父母便是孝，敬从兄长就是佛，辅佐君主就是忠。这一切都只是一个良知，一个真诚恻隐。"这段话的核心意思是：真诚地面对自己，面对他人。

著名翻译家傅雷说过："一个人只要真诚，总能打动人，即使人家一时不了解，日后也会了解的。我一生做事，总是第一坦白，第二坦白，第三还是坦白，绕圈子，躲躲闪闪，反易叫人疑心。你耍手段，倒不如光明正大，实话实说。只要态度诚恳、谦卑恭敬，人家是不会对你怎么样的。"

所谓"精诚所至，金石为开"，假如我们没有诚意，就会什么事情也做不好，做不成。王阳明认为："唯天下之至诚，然后能立天下之大本"，在他看来，"诚"是一个非常重要的字。在谈到格物致知和诚意时，王阳明说："若以诚意为主，去用格物致知的工夫，即工夫始有下落，即为善去恶无非是诚意的事。"即必须要先有诚意，然后才能在事物上格致，否则就会无从下手，所以，在做任何事情时，都要讲究"诚"，而这个"诚"应是发自内心的真诚、坦白。

在《论语·公冶长》中孔子说，一个人讲一些虚妄的、好听的话，脸上表现出好看的、讨人喜欢的面孔，看起来对人很恭敬的样子，但不是真心的。嘴上一套，背地里是另一套，这样的人就叫“两面三刀”；还有明明对人有仇怨，可是不把仇怨表示出来，暗暗放在心里，还和有怨恨的人故意套近乎，这种人用心是险恶的。

唐贞观初年，有人上疏请求清除不忠的臣子。唐太宗问他说：“我所任用的都是贤臣，你知道哪个是奸邪的臣子吗？”那人回答说：“臣住在民间，不能确知哪个人是奸臣。请陛下假装发怒，以用来试验群臣，如果能不惧怕陛下的雷霆大怒，仍然直言进谏的，就是忠诚正直的人，如果顺随旨意，奉承你的就是奸邪的人。”

这个人的办法看来非常聪明，但是太宗对上疏的人说：“流水的清浊，在于水源。国君是政令的发出者，就好比是水源，臣子百姓就好比是水。国君自身伪诈而要求臣子行为忠直，就好比水源混浊而希望流水清澈一样，这是不合道理的。我常常因魏武帝曹操为人诡诈而特别鄙视他，如果我也这样，怎么能教化百姓？我想在天下伸张信义，不想用伪诈的方法破坏社会风气。你的方法虽然很好，但我不能采用。”

不管对谁，我们都需诚心诚意地对待，这样才能够得到别人的信任，而不是用一些看似聪明的手段来试探对方。因为一方面这样做有被识破的危险，如果被别人利用，趁机表现，只会让自己陷入被动的境地；另一方面，当自己失去了诚意的时候，就不可能再要求别人真心实意。

真诚是为人的根本。如果你是一个真诚的人，人们就会了解你、相信你，不论在什么情况下，人们都知道你不会掩饰、不会推脱，都知道你说的是实话，都乐于同你接近，你因此也就容易获得好人缘。

人需要真诚的孝心

此心若无人欲，纯是天理，是个诚于孝亲的心，冬时自然思量父母的寒，便自要求个温的道理；夏时自然思量父母的热，便自要求个清的道理。这都是那诚孝的心发出来的条件，却是须有这诚孝的心，然后有这条件发出来。

——《传习录》

关于如何行孝，王阳明曾经说过一段话："此心若无人欲，纯是天理，是个诚于孝亲的心，冬时自然思量父母的寒，便自要求个温的道理；夏时自然思量父母的热，便自要求个清的道理。这都是那诚孝的心发出来的条件，却是须有这诚孝的心，然后有这条件发出来。"这段话的意思是：如果一个人的心没有私欲，天理至纯，是颗诚恳孝敬父母的心，冬天自然会想到为父母防寒，会主动去掌握保暖的技巧；夏天自然会想到为父母消暑，会主动去掌握消暑的技巧。防寒消暑正是孝心的表现，但这颗心必是至诚至敬的。

王阳明一再强调做儿女的要有一颗诚于孝亲的心，为此他还打了个比方："对一棵树来说，树根就是那颗诚恳孝敬的心，枝叶就是尽孝的许多细节。树，它必须先有根，而后才有枝叶。并非先找了枝叶，然后去种根。"由此可见，王阳明看重的不是拿什么去孝敬父母，而是孝敬父母的那颗诚心。如果没有一颗诚心，做不到表里如一，那就谈不上尽孝。

潮州有一个名叫黄保的人十分欣赏王阳明的才华，一直想找个机会亲自拜会一下他，但是因为自己年龄太大身体欠佳，于是就派自己的儿子黄梦星不远万里找到王阳明求学。在王阳明身边进修了一阵子之后，黄梦星就请假回家看望老父，在家中陪伴了他一阵子之后又回来继续上课。如此反复。

王阳明对弟子长期两地奔波的行为感到不太理解，于是就问怎么回事。黄梦星回答说，他的父亲是一个崇尚圣贤之道的人，一直将王阳明视作一个有才学有德行的人，所以希望他能从王阳明那儿学到点东西。为此，黄保还明确地告诉儿子，只要他能从王阳明那里学有所成，即使父亲晚年下葬的时候连口棺材都没有也一样心满意足。

黄梦星正是听了父亲的这番教导之后才千里迢迢地赶过来向王阳明学习，所以在他每次回家之后都希望能多陪父亲一段时间。但是黄保每次都是早早给儿子准备好了行李和盘缠，指责儿子这么做根本不是在尽孝，因为他的志向被所谓的孝心埋没了。由此一来，黄梦星就很纠结，他只好在不违背父命和想要尽孝的夹缝中选择了两地奔波。

黄保这种教育孩子的方式得到了王阳明的赞许，他也慨叹黄梦星是一个真正的孝子，因为他虔诚地听从了父亲的教诲，在没有让他失望的前提下尽孝修行两不误，做到了一般人做不到的事情。可见，在王阳明的心中，不违背父母之命的孝行远远高于在身边侍奉父母的孝行，因为它体现了一种虔诚的服从态度，满足了父母的要求和期待。

天竺迦夷国里有一对夫妇，他的志向清净，在山中修行，信乐空闲，只存一子，名叫“睒”。睒 10 岁时，老夫妇双双两目失明，幸睒至孝仁慈，昼夜奉侍父母。以茅为屋，以草为蓐，不寒不热，常得安适。众果香甘，泉水清凉，饮食不虞缺乏。日日群鸟作音乐声，诸兽慈心相向，并无相扰乱的意图。睒于天寒地冻时，常穿鹿皮衣提瓶取水，麋鹿众鸟亦往饮水，从不畏难。

有一天，国王入山狩猎，见水边有一群鸟鹿，引弓而射，矢箭误中睒的胸部，他大叫一声，血流如注，命在旦夕。国王下马来到睒面前。睒说：“象因牙而死，犀因角而亡，鸟因翠毛而被捕，麋鹿为皮肉而被杀。我今因何而等死？”

国王大自悔责。睒又说：“此非国王的过失，是我自己宿业所致。我不惜自己身命，但怜我父母，年既衰老，两眼又盲，无所依靠，也当有个善养善终。我之所以懊恼，并不是为中箭流血而痛。”国王再三向睒悔过，宁愿奉养睒的父母，嘱咐他不要过虑。

国王一面嘱人看守，一面去寻找睒的父母。他们听说睒中箭，两人昏倒于地。国王便向前扶牵睒的父母，来到睒的身旁，见其已奄奄一息，父亲抱着他的脚，母亲抱着他的头，仰天大呼。母亲又用舌头舔舐他胸部的伤口，希望把毒吸入自己的口中而死，以身代子。睒胸中的毒血经母吮吸，渐渐复活。父母惊喜，国王也非常高兴。

大家都认为这是佛陀庇佑的奇迹。国王发誓不再狩猎，领导左右从者数百人，踊跃奉持五戒十善。国王还命令国中所有目盲的父母，全部由国库供给衣食，令子女尽晨昏定省的孝道，违者重罚。于是全国人民因睒死而复生的缘故，互相劝勉，孝道盛行。

佛说：“为父母者，皆深爱其子女，竭力教养，虽多诸苦难，乃至命亡，亦终不弃舍子女；故为子女者，应当孝顺父母，侍奉供养。父母即是家中活佛。若有不孝父母，已是大罪，若更违反父母诫教，则堕地狱无疑矣。”相反，奉行孝道，就像故事中的睒一样，反而会给自己带来福报。

唤醒你内心的良知

善念发而知之，而充之；恶念发而知之，而遏之。

——《知行录》

作为人，其实我们心中有时候有善念，而有时候也会升起恶念。当我们恶念升起的时候，就要及时制止，这样我们的心灵就会越来越纯净。

王阳明在赣南地区奉命镇压农民起义的时候，曾经给自己的学生写信说："破山中贼容易，破心中贼却难。"这也表明了王阳明心中所想，山中贼其实就是当地的农民起义军，而这心中的贼就是指农民的那些造反思想，当然也暗指了大明朝那些官员的一些私欲。在王阳明的心中，这些农民起义军根本就没什么惧怕的，真正难以对付的是这些人心中的一己之念。这些念头，你看不到，摸不到，但是这些念头在他们心中却瞬间即来、瞬间又去，所以想要真正对付这些农

民起义军心中的一己之念，需要花费巨大的力气才可以。

为了将致良知的思想在现实生活中得以实践，他一边用部队征服起义军，一边改良政策，顺应民心，安定当地的社会秩序。在赣南匪患严重的时候，当地百姓苦不堪言。他们既要应对政府官员士兵，还要对付那些下山而来的山贼。王阳明为了安抚这些被战事惊扰的平民百姓，每到一个地方都会向朝廷奏明设立新县城，并在作战间隙筹资建立学堂，讲心学教化百姓。

在汕头攻打山贼的时候，王阳明为了减轻当地老百姓的负担，他主张疏通商税盐法，还亲自制定细则，建学校，宣扬教化，化民成俗，用一种思想约束来管理县城。在作战间隙广收门徒；在部队休整期间，他与学生们一起讨论学问，教给他们如何修身养性，如何建立自己正确的志向，如何走上圣人的道路。这些前来听讲的学生住在练兵场，一住就是两三个晚上，最多的时候练兵场根本就无法容纳下这些学生，所以后来王阳明就在此修建了濂溪书院。

无善无恶心之体，有善有恶意

之动，知善知恶是良知，为善去恶是格物。其实这四句话就是教给人们如何找回自己的良知。王阳明虽然在龙场悟道，但是他依然是个肉体凡胎，难免也会有心动时候。王阳明在老家浙江余姚修养的时候，有一天，一个年迈的老乡过来找他。这个年迈的老乡告诉他，自己无儿无女，身体也不能再种田了，所以想把自己家的土地卖给他，给自己换点养老的钱。王阳明听后一点也不客气地就拒绝了，因为在当时土地是不允许买卖的，而且他自己也不忍心看到这个年迈的农夫临死却看不到自己赖以生存的土地，所以他给了老农夫一些银两就将他打发走了。

等到那个年迈的老乡走了之后，王阳明为自己的良知又光明了一分而感到十分高兴。但是很快他的那些高兴和兴奋就没有了。原来在一个风和日丽的上午，王阳明与他的学生们一起到山中游山玩水，一个学生指着一块散发着泥土清香的土地对王阳明说，老师，你眼前的那块土地就是前几日找你要出售土地的那个老伯的地。

王阳明听后顺着学生手指的方向看去，不由得从心中发出一声赞叹，真是一个修身养性的好地方啊！心中不觉开始懊悔起来，想着当时还不如买下这土地呢。这地方风景秀美，空气清新，多美！就在王阳明心中升起这念头的瞬间，他也不觉打了一个寒战，他默默地问自己，我这是怎么了？为什么要这么想？我心中怎么会懊悔起来？我为什么要懊悔？就是因为眼前这块土地很美，很适合自己吗？这不就是人们的贪欲吗？我怎么可以有这种想法？我绝不可以有这样的想法，我必须坚决地祛除掉这种想法。从那时候开始，虽然他与学生行走在山水之间，但是很长一段时间他都保持沉默，不再说话。学生看到老师这样的举止，都觉得非常惊讶，一直到太阳快要落山的时候，王阳明才长长地舒了一口气说道："终于将这私欲祛除了，真是难啊！"

王阳明原本与学生们一起在山水之间游玩，心中可以说坦坦荡荡，这

就是所说的“无善无恶心之体”。但是当学生告诉他关于那块土地的事情时，他马上心生懊悔之意，这就是所说的“有善有恶意之动”。“意”动了，就要祛除私欲，这就是“知善知恶是良知”。当良知告诉他要祛除恶的时候，他便开始沉默专心致志地祛除心中的恶，就是“为善去恶是格物”。

克己成己，忍耐包容去除烦心

在一些人的眼里，总觉得别人这也不是，那也不妥，他们似乎总为别人的过错或缺憾烦恼——他们喜欢斤斤计较，所以烦心不已。“能克己，方能成己”，在王阳明看来，宽容别人，就是宽容自己，给别人多一点宽容，就是给自己多一点快乐空间。

该退让就退让

君子求退勿迟。

——《官讳经》

好强的人总是跃跃欲试，争强好胜，而随和的人却总可以淡然处之。争与不争是两种完全不同的处世态度，而后者则已经达到了大公无私的境界。

1521 年 3 月，大明朝皇帝朱厚照在 31 岁的时候结束了自己荒唐的一生，他的执政带给忠臣太多的摧残，许多人都将希望寄托在新皇帝朱厚熜身上。新皇帝登基，朝廷的风气的确好了许多。而前任皇帝身边的那班红人如江彬等人也一一被抓了起来并被处死，这些举动可以说大快人心。而作为参与平叛的王阳明此时也接到了朝廷的圣旨，新皇帝朱厚熜让他回京面圣。

王阳明心中当然跟其他人一样期盼着国家有一位明君，期盼着国家可以富足昌盛，所以接到圣旨便收拾好行李，离开南昌，向北京城进发。但是不知道为什么走到半路的王阳明却接到圣旨让他暂停说进宫面圣，也就是说我们这位大英雄王大人不能进京了。新皇帝这是怎么了，圣旨哪里有这样的，要知道皇帝那是金口玉言，怎么可以出尔反尔呢？但是皇帝就是这么做了，你又奈他如何？其实从这件事情上可以看出朝廷中有某些人不想他进京面圣，不想让他回到北京。

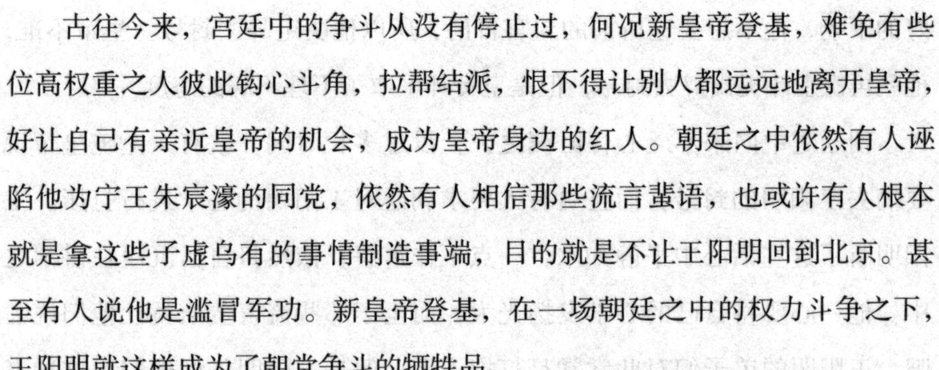

古往今来，宫廷中的争斗从没有停止过，何况新皇帝登基，难免有些位高权重之人彼此钩心斗角，拉帮结派，恨不得让别人都远远地离开皇帝，好让自己有亲近皇帝的机会，成为皇帝身边的红人。朝廷之中依然有人诬陷他为宁王朱宸濠的同党，依然有人相信那些流言蜚语，也或许有人根本就是拿这些子虚乌有的事情制造事端，目的就是不让王阳明回到北京。甚至有人说他是滥冒军功。新皇帝登基，在一场朝廷之中的权力斗争之下，王阳明就这样成为了朝堂争斗的牺牲品。

欲加之罪，何患无辞。王阳明不在乎什么流言蜚语，更不在乎什么嘉奖，也不在乎什么战绩，他觉得这一切都是自己该做的。他的心中有一个光明的世界，而其他的就随他去吧。此时的王阳明实际上对仕途已经没有兴趣，相反因为五年没有回家，对家人的思念却日益加重，所以他给新皇帝朱厚熜上疏，要求回家探亲。新皇帝朱厚熜很快批准了他的上疏，而王阳明也就乐颠颠地回到了绍兴老家。

王阳明是爷爷奶奶一手带大的，就在这五年期间，他的奶奶去世了，父亲也已经年迈。他深感遗憾，立刻到余姚祭奠自己的先祖。而就在此时，皇帝的圣旨又到了，圣旨上说王阳明平定宁王谋反有功，封他为新建伯。收到圣旨的日子，也是王阳明老父亲王华的生日，全家人都非常高兴。王阳明的父亲王华不无感慨地说：“朱宸濠谋反，全家都认为我的儿子无法以那些乌合之众的民兵对抗宁王的十万精兵，所以在江西死定了。而后来他非但没死，却平息了谋反，可是各种流言蜚语和诬陷再次向他出击，家人都觉得他很难处理好，如今没想到却被封官加爵，这是好事，是家里的喜事啊！”

王阳明听后记在心中，但是他明白这样的封赏不过是为了堵住天下百姓的悠悠之口，而对他的诬陷根本就没有澄清。什么封官晋爵，不过是皇帝不得不作出的决定罢了。看看那些跟自己一起平叛的官员，没有一个有好的下场，他不想要这所谓的封官晋爵，所以他决定辞去封号。皇帝不准，他就再次上疏提出辞去封号，但是皇帝却采取了不理不睬的态度。

朝廷之中向来不乏心怀叵测之人，没过多长时间，就有人上疏皇帝说要摘去王阳明的封号，而且更有人要求朝廷对王阳明的心学进行打压。王阳明听了这些话心中平静如水，一点不作辩解，依然将自己沉浸在讲学之中。他一心要将自己的心学发扬光大，而至于那些流言蜚语就让他们说去吧。王阳明的弟子们对此常常是打抱不平，但是王阳明告诉他们对这种事情不必争吵，并宣讲自己的良知之学。

“为而不争，天下莫能与之争。”王阳明从小立下大志，坚持对真理的探索，最终成为圣贤。

这一生他因为自己性格中的正直和坚韧屡屡招徕灾难，如今他弃官从文，将所有的精力投入心学的研究之中。“不争”并不是意味着要放弃一切，而是以不争今日之利而争万世，不争眼下之利争天下。面对诽谤，面对诬陷，他选择退让，选择不争，他的内心充满了平和，所以他能感悟到人生的很多真谛，能够在中国的哲学思想研究中取得荣耀和显赫的成绩。

选择宽恕，就选择了宽心

我执太重，动则伤人，而无法圆融待人。

——《传习录》

没有人不会犯错，而知道自己犯了错的人，最希望得到别人的宽恕和谅解。假如别人希望在自己犯错之后求得你的谅解，你是否能够给他一次改过的机会？这便是你选择做一个宽容的人还是做一个苛刻的人的机会。王阳明说："我执太重，动则伤人，而无法圆融待人。"用当下的话说就是："选择宽恕，就是在为自己选择宽心。"

释迦在世时，弟子中出了一名叛徒。这个背叛者是释迦的堂兄弟提婆。

提婆妒忌释迦的名声，屡次设计要杀害他都终告失败。释迦一次次宽恕了他，不过他这个人却恶劣成性，始终不改。有一次，尼僧法施谆谆告诫他，却惹得他凶性大发，杀死了法施。

然而，一重又一重的恶行积压下来，终使提婆不堪良心的谴责而病倒了。病床上的提婆每天都过得极忧烦痛苦，非常希望有什么方法能减轻身心上的折磨。于是他拖着病体，乘了一顶舆轿到释迦那儿去，想要向他忏悔自己的罪过。

然而当舆轿一着地，大地就刮起了一阵大风，提婆被活生生地打入阿鼻地狱。

释迦的一名弟子见状非常不忍，就对释迦说："我想救救提婆。"

释迦说："很好，可是有一点要注意，你要以正心说教，让他彻底改过。因为要让恶人幡然悔悟，实比在枯木上雕刻还难。"

这名弟子即刻赶往提婆那儿。只见提婆正痛苦地挣扎着，提婆见了他，就哀求他说："我的痛苦就好像被铁轮辗碎了身子，被铁杵痛捣身体，被黑象践踏，把脸投向火山一样，请快来救我！"

弟子答："赶快皈依我佛吧！如此就可以得救。"

说完，所有的痛苦都化为乌有，提婆也痛悔前非，自心底深深悔改。

释迦用宽广的心胸原谅了提婆的过错，包容了他的无礼，这就是宽恕！人们犯错是一种平常，而用宽容的心对待别人的冒犯却是一种超常。

王阳明常常告诫弟子们："比丘常带三分呆，智者须有三分愚"，就是要弟子们大智若愚，凡事不要太计较，即使遭到了别人的无礼也要宽恕他们，因为宽恕别人，也是升华自己。

现实中，宽恕别人并不困难，但也不容易，关键是看我们的心灵是如何选择的。用佛陀的话说："对愤怒的人，以愤怒还牙，是一件不应该的事。对愤怒的人，不以愤怒还牙的人，将可得到两个胜利：知道他人的愤怒，而以正念镇静自己的人，不但能胜于自己，也能胜于他人。"这就是宽恕的力量。

"放下屠刀，立地成佛"，这句话众人皆知，你不原谅人，要想报复，等于手握屠刀。

"贪、嗔、痴"，是佛说的"三毒"。种种不好的事情，都由这"三毒"发展而成，你细想一想，就会证实佛说的一点都不错。生意失败、损失金钱，往往由贪欲而来；作错选择、找错对象、交错朋友、做错事情，往往由愚痴而来；破坏、犯罪，往往由嗔恨而来。人的所有过错，都脱离不了贪、嗔、痴三种原因。这三种毒，犯一次就要吃一次亏。不原谅别人，犯的正是嗔毒，这种毒，在刺伤别人以后，往往要反过来刺伤自己。

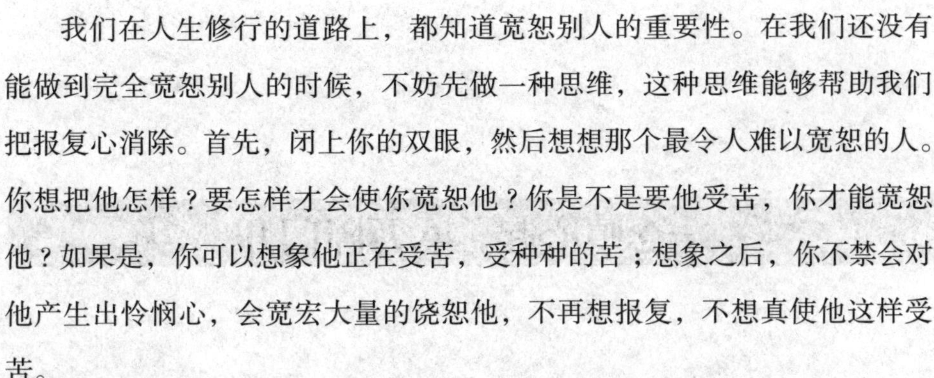

我们在人生修行的道路上，都知道宽恕别人的重要性。在我们还没有能做到完全宽恕别人的时候，不妨先做一种思维，这种思维能够帮助我们把报复心消除。首先，闭上你的双眼，然后想想那个最令人难以宽恕的人。你想把他怎样？要怎样才会使你宽恕他？你是不是要他受苦，你才能宽恕他？如果是，你可以想象他正在受苦，受种种的苦；想象之后，你不禁会对他产生出怜悯心，会宽宏大量的饶恕他，不再想报复，不想真使他这样受苦。

做这种思维，只能偶然一次，不可以每天都做。你这样思考以后，就应该从此宽恕这个人，永远消除报复心。

一念嗔心起，八万障门开

杀嗔心安稳，杀嗔心不悔；嗔为毒之根，嗔灭一切善。

——《传习录》

在王阳明看来，很多人只要心中有嗔、有怨、有恨，很快就会从面色、言辞、行动上表现出来。修行人要得心安稳、安定，感到喜悦安乐，一定要把嗔心除掉。有些人没有表现贪欲，但嗔心很重；他不求名位、利禄、权势，也不想追求男色、女色，但对很多事情、很多人都看不顺眼。既然对任何事都怨愤不平，对任何人都采取对立的心态，心中就不会安定。因为在贪、嗔、痴、疑、慢五毒中，“嗔”是烦恼毒的根源。佛学中所谓“一念嗔心起，八万障门开。”原因就在于此。

在日常生活中，很少有人能够喜怒不形于色。大多数人快乐时可以不动声色，而怒气却往往很明显地就浮现在脸上或者付诸报复行动。

嗔怒就像是一匹脱缰的野马，奔跑的方向难以掌控。所以王阳明认为嗔心的毒害最大，其爆发往往有指向性，一旦发作，害人害己，是双重的罪恶。

一个人若能够时刻提醒自己以一颗宽容心对己对人，以一份豁达的心境面对人与事，那么，这个人就能够除去很多烦恼，保持一颗宁静的心。“壁立千仞，无欲则刚”，布施心让人变得更加坚强；“海纳百川，有容乃大”，宽容心让人更加柔韧。坚忍是一种特质，像水一样，刀剑斩不断，绳索缚不住，牢笼困不得，而水滴却能穿石。

有一天，佛陀在竹林精舍的时候，忽然来了一个人，那人愤怒地冲进精舍来。原来是他同族的人都出家到佛陀这里来了，因此，他大发嗔火。

佛陀默默地听了他的无理辱骂后，等他稍微安静时，对他说："你的家偶尔也有访客吧？"

那人回答："当然有了，你为什么问这些呢？"

佛陀不答，继续问道："那个时候，你偶尔也会款待客人？"

那个人说："那是当然了。"

佛陀继续问："假如那个时候访客不接受你的款待，那么那些菜肴应该归谁呢？"

那个人回答："要是他不吃的话，那些菜肴只好归我了。"

佛陀以慈祥的目光盯着他看了一会儿，然后说："你今天在我面前说了很多坏话，但是我并不接受它，所以你的无理谩骂，那是归于你自己的啊！婆罗门啊，如果我被谩骂，而再以恶语相向时，就有如主客一起用餐一样，因此，我不接受这个菜肴。"

然后，佛陀说："对愤怒的人还以愤怒是一件不应该的事。对愤怒的人，不以愤怒还牙的人。面对愤怒，而以正念镇静自己的人，不但胜于自己，而且胜于他人。"

面对他人的无理谩骂，佛陀并未生气，而是以一种平和的心态对待，甚至以一颗宽容之心为他剖析其中缘由。实际上这是佛陀对他的点悟和开示，是否能够参透，则要看他自己的造化了。

生活在凡尘俗世，难免与人磕磕碰碰，难免遭别人误会猜疑。你的一念之差、你的一时之言，或许都会被别人加以放大和责难；你的认真、你的真诚，也许会被别人误解和中伤。如果非得以牙还牙拼个你死我活，如果非得为自己辩驳澄清，可能会导致两败俱伤，还不如拔除嗔怒的毒根，做一个轻松之人。

在王阳明眼中，灭嗔心是修行的必经之路："如果能灭嗔心，就能修行一切善法。当嗔心的火熄灭时，对人会生起慈悲心，会以关怀、原谅、同情的心待人；当嗔心消灭时，对一切事物的决断要以纯客观的智慧来处理，分析他人的问题，化解一切麻烦的问题。所以说一旦嗔心灭，一切善法生。"

待人处世，不以人之犯己而动气，而以祥和慈悲的态度面对一切事、一切人，就能够在世事面前如流水一样，可方可圆、顺其自然，过幸福的人生。

人一定要懂得克制自己

人须有为己之心，方能克己；能克己，方能成己。

——《传习录》

当我们被某人所激怒时，当我们被某事所烦恼得无以复加时，当我们的极端情绪达到一个临界点想要爆发时，我们应该怎样做呢？报复别人，冲动爆发，还是克制住自己呢？

宋朝理学大家朱熹提出“克念作圣”的观点，要求为人者需懂得克制自己。王阳明的思想虽然在很多方面都与朱熹有所不同，但在克制自己这方面，两个人却殊途同归。

王阳明讲“能克己，方能成己”，意思是说一个人只有能克制住自己，才能够有成。只不过朱熹要求的“克己”是从理智的角度讲，而王阳明要求的“克己”是从一个人爱自己的角度讲的，“为己之心”就是为了自己、爱护自己。

然而无论是从什么角度，克制自己总是一样的。人为什么要克制自己？因为克制对应的情况往往是冲动，在冲动中的人难做出正确的选择，或者对自己造成伤害，或者对人生有不好的影响，总之都是不应该的。此时，就需要用克制让自己冷静下来。人冷静了，决定自然也就理智多了。

古往今来，我们知道的那些做大事的人，无一例外都是有着极强的克制能力，能忍受别人完全无法忍受的恶劣情绪。

从前，波罗脂国有两个比丘。

一天，它们听说佛陀在舍卫国大开法筵，演说妙法，二人便相约一同前往听佛陀开示法要。

收拾了简单的行囊，二人便向舍卫国出发了。烈日下，二人挥汗如雨地低头疾行，走着走着，觉得口干舌燥，但一路上却没有半点水源，二人只得耐着口渴，继续往前走。

正当俩人走得精疲力竭时，突然，眼前一亮，一口井就在前面不远处。二人宛如沙漠逢甘霖般，欣喜地前去汲水。

当他们把水汲出井后，却发现水中有虫。这时其中一位比丘顾不得水中有虫，迫不及待地一饮而下。

另一位比丘只是默然地站立于井边，喝了水的比丘见状就问："你不也很渴吗？为什么现在却不喝了呢？"

这位比丘答道："佛陀有戒，水中有虫不得饮用，饮了即犯杀生戒。"

喝了水的比丘就相劝说："您还是喝了吧，不然渴死了，连佛都见不到，更别说听经闻法了！"

比丘听完，不为所动地说："我宁可渴死，也不愿意破戒而苟活！"

这位坚持不喝水的比丘因此而丧命。

但由于持戒的功德力，比丘往生后立即升到天道，当天晚上就以神通力抵达佛所，顶礼佛陀，佛为他说法，他得到了法眼净。

而喝了水的比丘独自一人继续赶路，直到隔日才来到佛所，一见佛陀，立刻五体投地地至诚礼拜。

佛陀以神通智能力得知先前发生的事，他询问道："比丘，你从何处来？有没有同伴随行？"

比丘即一五一十地把路上发生的事禀告佛陀，佛即呵斥说："你这个愚痴的人，你虽然现在眼睛见到了佛，但是却没有真正地见到佛，那位持戒而死的比丘已先你一步来见我了。”

佛陀更进一步说：“若有比丘放逸懈怠，虽与我同住在一边，也能常常见到我，但我却不曾见这样的比丘；若有比丘离我数千里，能精进用功、不放逸，虽然彼此相隔千里之遥，而这样的比丘却能常常见到佛，而佛也常常得见比丘。”

比丘听完佛的教导，若有所悟，羞愧地顶礼而退。克制自己，才能完善自己，成就自己。若不克制，放纵自己被激情和欲望的魔力牵制，莫说难以成就事业，甚至会自取灭亡，走向可悲境地。

王阳明云“或有为己之心，方能克己”，然而有一点他没有说，那就是克己实际上也是为己。在遭遇侮辱时，在坚持不住时，任谁的第一选择都是放弃克制的堤坝，让冲动的洪水得以宣泄。然而一旦让冲动的洪水冲开了堤坝，就再也收不回来了。

不要轻易指责别人

一友常易动气责人，先生警之曰：“学须反己。若徒责人，只见得人不是，不见自己非。若能反己，方见自己有许多未尽处，奚暇责人？舜能化得象的傲，其机括只是不见象的不是。若舜只要正他的奸恶，就见得象的不是矣。象是傲人，必不肯相下，如何感化得他？”是友感悔。

曰：“你今后只不要去论人之是非，凡尝责辩人时，就把做一件大己私克去方可。”

——《传习录》

一些人在面对朋友的缺点或做错的事时，往往会当面指出：“你错了，让我来告诉你正确的做法吧。”“你怎么连这点小事都做不好！”以此来显示自己高人一等的见解。他们以为这样一来，别人就会心悦诚服地赞同自己的观点。有的人甚至还一厢情愿地认为，别人应该感谢自己为他们纠正缺点和指出错误！

可以说，不讲策略地当面指责他人，是一种非常不明智的做法。

王阳明对朋友有了事就指责别人而不反省自己的做法并不赞同，所以他才苦口婆心地劝告朋友遇到问题应该先从自己的身上找毛病，而不是用挑剔的眼光去审查别人，因为当他越是看见别人哪里不好的时候，他就越能发现别人身上的短处。反过来说，只有多审视一下自己，才能发现自己存在的缺陷，才能不断地给自己“更新升级”。

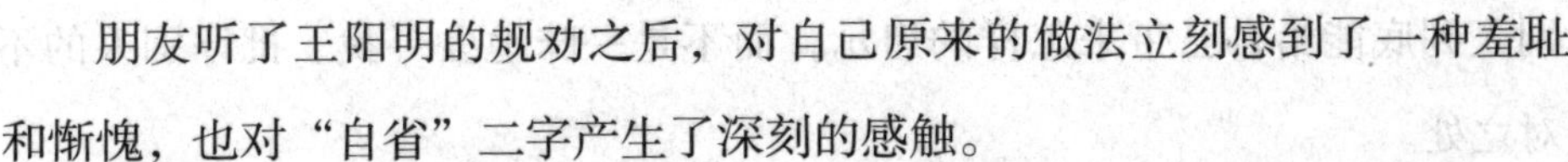

朋友听了王阳明的规劝之后，对自己原来的做法立刻感到了一种羞耻和惭愧，也对“自省”二字产生了深刻的感触。

我们知道，根据心理学家研究，无论哪一个人，都有希望得到他人尊重的心理需要，这就是所谓的“自尊心”。

如果是我们自己发现了错误，我们也许会自觉地改正它。但是由别人“直言不讳”地当面指责自己做错了时，自尊心这种本能反应就起作用了，它动员全身的神经、肌肉来抗拒、反击这种指责。所以，一个人面对指责的反应，通常是面红耳赤脖子粗、气急败坏地和别人争辩，竭力捍卫自己的观点。

所以，我们永远不要希望别人是从善如流的圣人。历史上固然有古人闻过则喜的美谈，但那是修养非常高的人才能达到的境界，在现实生活中，绝大多数人是不可能“闻过则喜”的。孔老夫子说得好，“己所不欲，勿施于人”，想一想你受到别人的指责，会怎么样，你就会预见别人面对指责的反应了。

很多时候，当我们指责他人时，不光受到指责的人会产生激烈的负面情绪反应，就是我们自己，只要细心体察一下，也会感觉到相当大的负面能量。

因为我们总是把注意力集中在他人的缺点或错误上，自己好像生活在一个一无是处的世界中，似乎人人都与自己作对。这种消极的心态会产生消极的能量，然后会促使你不知不觉地在言行举止上也变得十分消极，心情焦躁不安，受不得一点刺激，对他人越来越吹毛求疵，甚至把原本想帮自己的人也得罪了，把自己本来能做好的事情也搞砸了。这样是不是得不偿失呢？

而当我们保持一份宽容、尊重的心态时，即使看到别人有不合己意的地方，也会坦然面对这一切，尽量将注意力集中到别人好的那一面上，看别人到底能给自己带来怎样的启示，而不是一味地去寻找、批评别人的不对之处。

如果我们能这样做时，就会觉得心情好了很多，眼中的世界也变得更加美好了，而且这种良好的心情，不仅有助于我们与周围的人保持和谐的关系，也能让我们保持耐心与冷静，处理问题也会更加轻松和顺利。

要想克服爱批评指责他人的坏习惯，我们可以尝试一下这个方法，让自己的心从当前的圈子中跳出来，摆脱主观愿望，认真地思考和反省一下，一旦轻率地批评人，必然会导致双方争吵、对立的情况发生。而出现这种不愉快的事情，对解决问题有没有帮助呢？如果自己这样做，只会带来更糟的心情，影响与他人的关系，甚至干扰到自己的工作，又何必执意去做它呢？

当你想指责别人时，只要能做到这一点，你就能够不理会即将涌上心头的批评他人的冲动，而代之以一种更平和、宽容的感觉，你会惊奇地发现，你的人际关系在不知不觉中好了很多！

忍是一门最让人受益的功夫

凡人言语正到快意时，便截然能忍默得；意气正到发扬时，便翕然能收敛得；愤怒嗜（shì）欲正到胜沸时，便廓然能消化得，此非天下之大勇者不能也。

——《传习录》

关于忍耐这个话题，王阳明曾经说过这么一段话：“凡人言语正到快意时，便截然能忍默得；意气正到发扬时，便翕然能收敛得；愤怒嗜欲正到胜沸时，便廓然能消化得，此非天下之大勇者不能也。”这句话的意思是：普通人在说话说得非常痛快的时候戛然而止，能够在人生最飞黄腾达的时候及时收手，能够在怒不可遏的时候控制自己的情绪，这才是最大的勇气，也是一种罕见的自制力。王阳明所说的自制力，就是我们通常所说的忍耐。众所周知，忍耐是一个人成就大业的基础技能，也是一种不可或缺的素质。

俗语说：“百人百心，百人百性。”——有的人性格内向，有的人性格外向，有的人性格柔和，有的人则性格刚烈，各有特点，又各有利弊。然而纵观历史，我们不难发现，往往刚烈之人容易被柔和之人征服利用。太过于嚣张的民族，往往越容易被低调的民族所征服。

冒顿是匈奴单于头曼的太子，头曼后来又喜爱别的妻子生的小儿子，想废掉冒顿而立小儿子为太子。冒顿便杀掉头曼，自立为单于。

当时东胡强盛，听说冒顿弑父自立，内部形势不稳定，乘机挑衅，派使者到冒顿那里，索要头曼的一匹千里马。

冒顿问左右大臣，大臣们都说："千里马是匈奴的宝马，绝不能送给他。"

冒顿沉吟着说："东胡索要千里马不过是个借口，假如我们不给，他就有理由攻打我们，就要发生战争。"

左右大臣都攘臂愤慨地说："宁可和他们拼一生死，也绝不可示弱送马。"

冒顿说："打起仗来就要损失几千几万匹马了，人死得更要多，不值得为了一匹千里马付出如此大的代价，况且都是邻国，在乎一匹千里马也显得过于小气。"冒顿便派人把千里马送给东胡。

过了不久，东胡又派人来索要单于的一个阏氏（单于的妻子称为阏氏），冒顿又问左右大臣。左右大臣都义愤填膺，说："东胡太没有道义了，竟敢索要阏氏，是可忍，孰不可忍，请您下令发兵攻打他。"

冒顿说："为了一名女子和邻国大动干戈，损失人马牲畜无数，太不值得了，况且和人家邻国友好，何必吝惜一名女子。"便又把东胡索要的阏氏送了出去。

东胡王见所求得到满

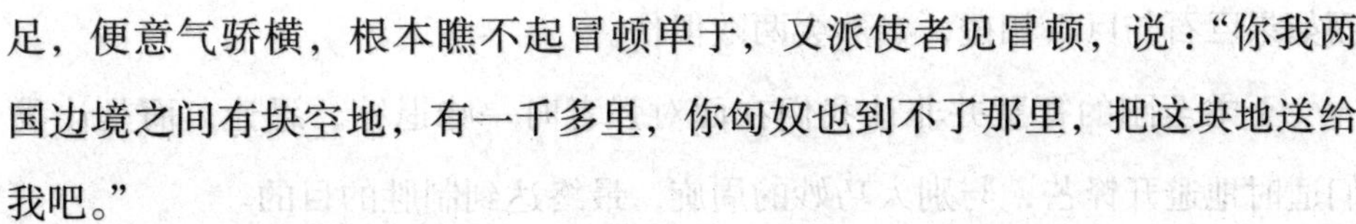

足，便意气骄横，根本瞧不起冒顿单于，又派使者见冒顿，说：“你我两国边境之间有块空地，有一千多里，你匈奴也到不了那里，把这块地送给我吧。”

冒顿又问左右大臣该如何。左右大臣们说：“这本来就是块无用的土地，给他也可以，不给也可以。”

冒顿闻言大怒，说道：“土地是国家的根本，怎么能把土地送给别人？”

凡是说可以把地给东胡的大臣都被他斩首，然后下令国中集中兵马，有敢迟到者一律斩首，亲率大军袭击东胡。东胡素来轻视匈奴，全然不加防备，冒顿一举消灭了东胡，把东胡的百姓和牲畜占为己有。

冒顿弑父自立，虽属自保，也显露出他凶猛残忍的天性，然而面对东胡的无理要求，却一忍再忍，而且忍常人所不能忍，这是因为他要成就常人所不能成就的事业。

当时东胡最为强大，东胡敢于提出无理至极的要求也是倚仗自己的实力，索要千里马和阏氏不过是想挑起事端，以便自己出师有名，假如此时冒顿不答应请求，正式开战，一定占不到上风。

冒顿偏偏都忍住了，要马给马，要人给人，就是不给你开战的理由。另外也以谦卑懦弱的姿态达到骄敌、愚敌、痹敌的目的，同时用所受到的耻辱来激发国内斗士的血性，“知耻近乎勇”，耻辱常常会增强斗志。

东胡见所求无不获，心满意足，既不把匈奴放在眼里，也不屑出兵攻打了，却不知“骄兵必败”，在表面的胜利中，已经输掉了最关键的战争要素。

冒顿战胜东胡的智慧，正是以老子“天下之至柔，驰骋天下之至坚，无有入无间”为指导思想才成功的，或者说是一种退一小步而进一大步的胜利。倘若东胡是一块巨石的话，那么冒顿就必须要让自己成为一堆棉花，而不是同样硬的岩石，因为棉花与巨石相碰，则会很轻松地将其包在里面。

而如果巨石与巨石相碰，必然会两败俱伤。

至柔至刚的智慧并非让我们在面对强者时一味退缩、忍让，而是让我们适时地避开锋芒，与别人巧妙的周旋，最终达到制胜的目的。

常言道："忍一时风平浪静，退一步海阔天空。"其实，真正意义的忍耐，并非只是狭义地对人对事的退让，而是为了更高追求和目标的自我坚守。有了坚守，才能不介意眼前利益的得失，才能不在乎所受的屈辱和磨难，那么成功也会在你的百折不回之中悄然而至。

逆来顺受不是软弱无能

诸君只要常常怀个“遁世无闷，不见是而无闷”之心，依此良知忍耐做去，不管人非笑，不管人毁谤，不管人荣辱，任他功夫有进有退，我只是这致良知的主宰不息，久久自然有得力处。一切外事亦自能不动。

——《传习录》

所谓君子做的学问，都是为了修养身心。一个人身处逆境或者是遇到不如意的事情，选择随遇而安、淡然接受，是人生的大智慧。

居住在龙场，每天面对的除了猛兽毒虫，还有瘴疠的侵害，王阳明此时认为自己已经对于荣辱得失能够做到超脱了，但是心中久久不能清除的还有生死一念。就在这个时候，有人传言说刘瑾对于流放此地的王阳明仍然十分不满，路上的追杀既然没有成功，现在也少不了加害之意。王阳明听说之后，在山洞中命人为自己打造一个石椁，并说：“从此我就在这里等死，至于其他的还用考虑什么呢？”

王阳明向来就是一个说到做到的人，自从石椁打造好之后，只要没什么事情，他就会日夜静坐在石椁之中，安心修养心性，澄心静虑，在一种非常专注、非常清静的境界之中寻找生命和人生的真谛。有人说他何必如此执着，身处边远的深山之中，待遇又不好，以前就有很多到这里的官差私自溜走，从此找不到下落，他大可以学习这些前辈，与其留下来逆来顺受，不如溜之大吉，或者隐居山野，在大明朝那种信息尚不发达的朝代，朝廷又拿他如何呢。

王阳明是否动过这样的心思尚无考证，但是王阳明就是王阳明，他绝不会选择逃避，更不会做逃兵。在别人眼中，逆来顺受不过是惧怕强权罢了，但是他却觉得这是自己在追寻圣贤之路上的一种考验，他不必逃，他也不在意别人如何理解、如何评论，他只做自己该做的。久而久之，王阳明的心境慢慢地明朗了起来，可以说已经达到了心若明镜止水的境界，心胸随之也变得开阔了许多，他逐渐走入了古圣先贤所说的洒脱境界以及无拘无束的状态。

一晚，月明星稀，山野寂静，王阳明在石椁之中静坐之后，走到岩洞的外面。他看到天空中皎洁的月光静静地散落在山谷之中，偶尔的鸟兽之声从远处传来，这山野更加寂静，这天地更显得神秘。他向远处眺望，看到整座山林笼罩在淡淡的雾气之中，圣洁而神秘，仿佛这世间要有什么不寻常之事发生。过了子时，他迈步回到岩洞休息，侧卧于床，双目微闭，心定神宁。

当年在九华山的道长教给他这套睡功，他便每次睡觉之时，眼观鼻，鼻问心，安静入睡。只是这晚正当他进入梦想之时，他的心头忽然变得一片清明，恍惚之间，他觉得自己是卧在了山林之中，突然一阵狂风大作，有一只斑斓猛虎向他猛地扑来。王阳明在龙场已经将生死看得很淡，就在这猛虎咆哮之时，他依然安静自处，不为所动。此时，猛虎忽然消失得无影无踪。转而，他看到有一群人抬着八抬大轿吹吹打打向自己走来，并恭喜他得以加官晋爵。王阳明想，什么富贵其实都是浮云，何必理睬呢。

恍惚之中，他又觉得一名美女来到他的身边，对他说已经对他仰慕已久，此生愿意侍奉他一辈子。王阳明心如止水，哪里会理会这些。紧接着他看到很多学生簇拥他来到一座高台，这些人对他说，恭请圣人讲学。要知道王阳明素来喜欢讲学，心中便是一动。正想登台讲学之时，他想起《易

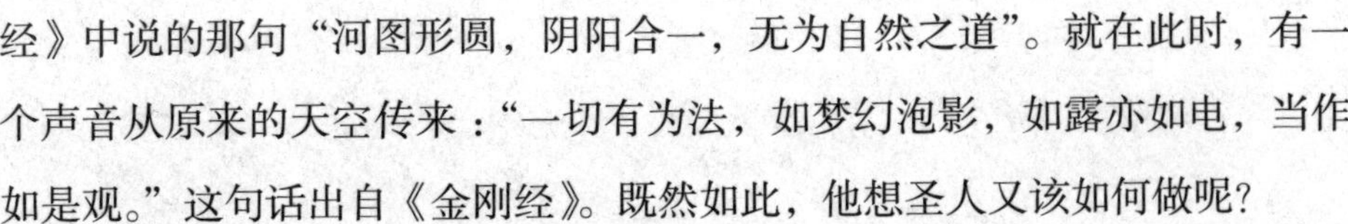

经》中说的那句“河图形圆，阴阳合一，无为自然之道”。就在此时，有一个声音从原来的天空传来：“一切有为法，如梦幻泡影，如露亦如电，当作如是观。”这句话出自《金刚经》。既然如此，他想圣人又该如何做呢?

想到这里，王阳明最终守定心性，观其物，而物无其物；观其身，身无其身；观其心，心无其心。慢慢地，他脑海中的一切都消失了，而他也忘却了时间、忘却了空间、忘却了自己。此时王阳明精神集中，将整个身心都投入其中，身心慢慢变得虚明透彻，与不生不灭、不增不减、无始无终的天地宇宙融为一体。那时那刻，他觉得天地万物不就是由自己的本性流出吗。终于王阳明在这种不着一物的心境之下，大彻大悟，不仅明白了朱熹的格物致知，更领悟了圣人之道，于是欢呼雀跃，一声长啸，就如疯癫了一般。

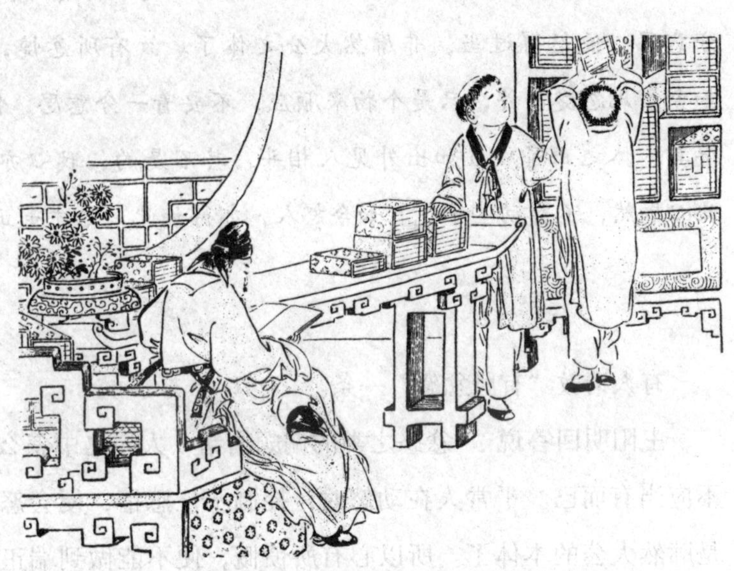

从此，王阳明真正看透了世间的荣辱得失，名利是非，甚至生生死死都不能再束缚他，他成为了一个真正心灵自由的圣人。如果没有龙场的艰苦环境，如果没有龙场的逆来顺受，如果没有龙场的寂寞与落魄，大概王阳明很难达到这种境界，当然也就不能成为圣贤之人。

物来顺应：提升制怒功力

问有所忿懥（fèn zhì）一条。

先生曰："忿懥几件，人心怎能无得？只是不可有耳！凡人忿懥著了一分意思，便怒得过当，非廓然大公之体了。故有所忿懥，便不得其正也。如今于凡忿懥等件，只是个物来顺应，不要着一分意思，便心体廓然大公，得其本体之正了。且如出外见人相斗，其不是的，我心亦怒。然虽怒，却此心廓然，不曾动些子气。如今怒人，亦得如此，方才是正。"

——《传习录》

有人请教"有所忿怒"一条。

王阳明回答说："忿怒之类的偏颇情绪，人心之中怎么会没有呢？只是不应当有而已。平常人在动怒时，控制不住感情，便会怒得过了度，就不是廓然大公的本体了。所以心有所愤慨，便不能做到端正。如今对于忿怒这些不良情绪，它们来了，不要过分加自己的主观愿望在上面，只是个顺其自然，心境自然不偏不倚、廓然大公，从而能够中正待物。比如在外面看到有人互相斗殴，对于他们不正确的地方，我心中也会动怒。不过虽然动怒，此心却仍然冷静清明，不会失去理智。如今对别人生气时，也必须如此行事，这样才能保持心体中正。"

在日常生活中，每一个人都会遇到烦心事，在各种外来事物的刺激下，我们并不能经常保持冷静平和的状态，有时遇到刺激，一时无名火起，就会造成情绪失控，哪怕只是一点鸡毛蒜皮的小事，也会惹得自己勃然大怒，或是疯狂地大吼大叫，或是乱砸东西，以此来发泄心中的怒气。

在网上、报纸或电视上，我们也时常可以看到这样的新闻：一个人由于与他人因口角之争，恼羞成怒，一时控制不住自己，冲动起来铸成大错，事后平静下来，虽然感到后悔莫及，但却无法挽回自己的过错了。

如一位细菌学家进行细菌研究，在培养葡萄球菌时，一天突然发现培养皿里出现了一块绿色的霉菌，在这块绿色霉菌的周围，他精心培育已久的葡萄球菌死亡了。细菌培养失败，这本来是一件令人不愉快的事，以前也有好几位研究细菌的专家也发生过这样的事，但他们对此无一例外地感到恼怒、懊悔、自怨自艾，谁也没有深究下去。

但是，这位细菌学家的心态很好，当然刚开始他也愤怒、烦恼过，但一会儿他就释然了，坦然地接受了这个现实，并保持着积极进取的心态。结果，在这个过程中，他以冷静的洞察力发现了一个疑点：自己培养的细菌为什么会死亡，难道那块绿色的霉菌有杀菌奇效？他循着这个思路锲而不舍地研究下去，终于发现了青霉素。

培养的细菌不小心染上杂菌而死亡，在常人看来，这算是一件失败的事了，大多数人的本能反应可能是觉得自己怎么这么倒霉，以前的所有努力都白费了。然而，如果换一个角度来看，即使我们愤怒、埋怨、唠叨，难道能挽回这件失败了的事吗？

显然不能，事情不会因为我们的不接受而有所改变，它永远按一个已经发生的事实呈现出来。

相反，如果我们能接受已经发生的事实，停止自己对改变事实毫无帮助的忿怒心情，心灵反倒得以放松，它本来具有的冷静洞察力就会产生作用，能发现在消极心态下无法发现的机会。所以，善于提升自己的制怒功力，实在是人生中一项重要的功课。

第七辑

清心寡欲，看淡看轻心灵丰盈

在对欲望的追逐中，人们常感觉身心俱疲，却又无法停下走向这个无底洞的脚步，正所谓“世味浓，不求忙而忙自至”。但忙来忙去，多的是更大的贪念和对心灵的负罪，少的是人生的真滋味。因此，在王阳明看来，人应该消减欲望，看淡看轻，从“不动心”。

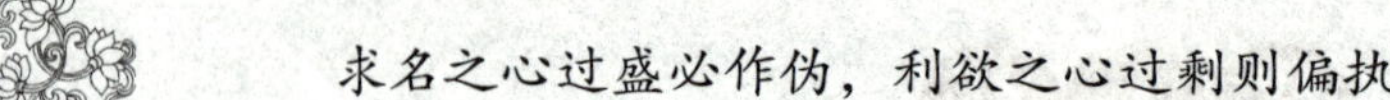

没有贪念，才不会招魔

求名之心过盛必作伪，利欲之心过剩则偏执。

——《传习录》

人生在世，除了生存的欲望以外，还有各种各样的欲望，自我实现就是其中之一。欲望在一定程度上是促进社会发展的动力，可是，欲望是无止境的，欲望太强烈，就会造成痛苦和不幸。王阳明说："不争不贪，福寿无边；争贪搅扰，罪孽不少。"王阳明把"贪念"看成是"招魔"的诱因，他说："在《金刚经》上说：'凡所有相，皆是虚妄，若见诸相非相，即见如来。'所以，我们不能执着境界的存在，更不要贪着神通。若有贪着，便会走火入魔。也不要贪着虚妄的名利，否则会入旁门左道，成为魔王的眷属，实在可怕之至！""不是说，我坐禅有所企图，贪着有个什么境界现前。如果有这种妄想，便会招魔来扰乱。""贪求名，就被火烧死，贪求利，就被水淹死，这是水火二灾。再贪求荣华富贵，就会死在风里。"

据说，蜈蚣原先并没有脚，但是它仍可以爬得像蛇一样快。有一天，它看到羚羊、梅花鹿和其他有脚的动物都跑得比自己快，心里很不高兴，便嫉妒地说："哼！脚多，当然跑得快。"于是它向佛祖祷告说："佛祖啊，我希望拥有比其他动物更多的脚。"

佛祖答应了蜈蚣的请求，把好多好多的脚放在蜈蚣面前，任凭它自由取用。蜈蚣迫不及待地拿起这些脚，一只一只地往身体上粘，从头一直粘到尾，直到再也没有地方可粘了，它才依依不舍地停止。

它心满意足地看着满身是脚的躯体，心中暗暗窃喜：“现在我可以像箭一样地飞出去了！”但是等它开始跑时，才发觉自己完全无法控制这些脚。这些脚劈里啪啦地各走各的，它非得全神贯注，才能使一大堆脚顺利地往前走，这样一来它反而比以前走得更慢了。

可见，贪心越大，失去的就越多。人生的很多痛苦乃至不幸，就像故事中的蜈蚣，往往都是贪念造成的，所以有人说：“患起于多欲，祸生于贪心。”

有一个农夫，每天早出晚归地耕种一小片贫瘠的土地，累死累活，收效甚微。一位天使可怜农夫的境遇，就对农夫说，只要他能不停地跑一圈，他跑过的地方就全部归其所有。于是，农夫兴奋地朝前跑去，跑累了，想停下来休息一会儿，然而一想到家里的妻子、儿女们都需要更多的土地来生活，又拼命地往前跑……有人告诉他，你到了该往回跑的时候了，不然，你就完了。农夫根本听不进去，他只想得到更多的土地、更多的金钱、更多的享受，于是继续拼命地向前跑去。结果因心衰力竭，倒地而亡。

生命没有了，土地没有了，一切都没有了，贪婪使这个农夫不知道全身而退，于是他失去了一切。贪婪是一切祸乱的根源，这就是王阳明所说的“贪念是魔”。所以，一个人欲望太盛，就要消除欲望，这样，才能将人生转移到合理的轨道上来，不然，就会“招魔”，就会出现问题。

在物欲横流的现代社会，如何控制好自己的欲望，不仅关系到脚下的人生，更关系到我们每日的心情。生命属于个人，每个人都有权利设计自己的生活和人生道路。所有的心愿，只要符合法律和道德的要求，都应该受到尊重。但是我们必须明白：生命的过程中，一切物质及肉体都是不可靠的奴仆，想让自己的人生得以升华，就必须放下这些本性之外的东西，而追求生活本身的淳朴，这样才能活得惬意。

王阳明说：“求名之心过盛必作伪，利欲之心过盛则偏执。”今天，面对名利之风渐盛的社会，面对物质压迫精神的现状，要能够做到视名利如粪土，视物质为赘物，在简单、朴素中体验心灵的丰盈、充实，并将自己始终置身于一种平和、自由的境界。

名利心太重，会让人失去自我

志于道德者，功名不足以累其心；志于功名者，富贵不足以累其心。

——《静心录》

人生短暂，追逐名利不过是在浪费时间，相对于宇宙而言，人不过是空间的一粒尘埃，就算是争来了名利，又如何能大过世界？

如果说古代有人辞职，那么王阳明肯定是辞职次数最多的一个。王阳明的第一次辞官是在江西做庐陵的县令，庐陵县连续几年遭遇旱灾，可朝廷却对庐陵毫无救济，反而对庐陵增加三倍税赋，导致庐陵百姓苦不堪言。王阳明上任的那年恰巧县城失火，大片房屋被烧，乡村更是闹起了瘟疫，百姓流离失所，根本无法生存，所以成群结队到县衙上访。王阳明面对庐陵百姓，索性自作主张将全县所有赋税全部免除。私自免除赋税在当时可是不小的罪名，王阳明为了不牵连别人，一个人上疏要求负全责。就在那一年，刘瑾东窗事发，被皇帝杀死，而王阳明不仅没有受到处分，还被官复原职。

五年之后，王阳明已经当上了南京的鸿胪寺卿，但是他看到了官场的腐败决定请辞，在辞职信中说自己身体不适，需要回家修养，但是朝廷却不准他辞职，相反让他去做南赣巡抚。这南赣巡抚如果用现在的官职相比，就是一个军区的总司令，可以说有权有势。但是王阳明根本就不想理会朝廷的这一套，继续请辞。要知道大明朝的南赣管辖着江西、福建、广东、湖广四省的九个府第。当时四个省的百姓已经被官府逼迫得走投无路，逃到四不管的深山之中抵挡官兵，做起了占山为王的土匪。所谓让王阳明任南赣巡抚其实就是让他去剿匪。朝廷几次派出的剿匪司令在当地不但没有剿匪成功，倒是做了许多坏事。三次辞职失败了，王阳明不得已做了这个剿匪的司令，只用了两年的时间他便将南赣九府的匪患消灭得干干净净，南赣从此恢复了太平生活。南赣剿匪结束，朝廷想要对他进行封赏，但是他却一一回绝，接着上疏请求辞职，但是皇帝还是不答应，硬是不让这位王大司令回家。于是在万般无奈的情况下，王大司令就顶着军区司令的头衔做起了修建书院、四处讲学的事情来。在我国的历史上，挂着这样的头衔去教书的先生，可以说仅王阳明一人。

宁王在南昌叛乱，王阳明聚集三万民兵将宁王打败，拯救了大明王朝，应该说立下了大功，但是皇帝朱厚照昏庸无比，偏偏想借着宁王叛乱的事情到江南旅游。王阳明知道皇帝的意思，三次抗旨，硬是将宁王押解到了江西，让朱厚照这个小皇帝再也找不到来南昌的借口，就这样将南昌的百姓面临的苦难解除。为此王阳明不但没有获得皇上对他所立功劳的肯定，而且遭到奸臣的诬陷。终日荒淫无度的皇帝朱厚照最后驾鹤西去，新皇帝登基，王阳明被封为南京兵部尚书，却又以身体为由辞职回家教书，但是新皇帝不准，还要为他封“新建伯”。王阳明对这些爵位根本就没有兴趣，再次上书，要求辞职。皇帝哪里肯他辞职。没办法，王阳明就带着这伯爵的封号回到家中，从此一心教书，不再与朝廷联系。

七年的教学生涯，使得他将心学发扬光大，天下尽人皆知。但是此时的大明朝又来了麻烦，仿佛王阳明天生就是为了解决大明朝那些麻烦而生的。广西发生叛乱，朝廷的大军让那些叛军打得落花流水，狼狈不堪。此时皇帝和文武百官再次想起了王阳明，因为以前他创造了那么多的军事奇迹，这次平定叛乱非他莫属，于是皇帝一道旨意让他去担任广西巡抚，和少数民族作战。王阳明立刻拒绝，坚持不去。但是几次三番，皇帝根本就不允许他辞职，没办法，王阳明又一次踏上了征讨乱军的征程。其实王阳明心里明白自己无论如何都是逃不掉此次广西之行，他一边上疏请辞，一边加紧调养自己的身体，为出行做准备。等到第四次圣旨到达的，他已经为出征做好了一切准备。王阳明就是这样，当国家危难之时挺身而出，但是一旦朝廷危难过去就立刻远离朝堂。他不喜欢仕途，可是这一辈子都没有离开仕途。他不在乎名利，更不看重什么加官晋爵，他只是按照自己的良知去做了自己该做的事情。至于其他什么荣辱得失，什么功名利禄，在他这里不过是浮云罢了。他曾经告诉自己的学生，仕途之路就像是一张大网，只要陷入其中就很难自拔，所以进入这张网做了自己该做的，就要立刻出去，只有这样才不被那网困住。

做人不为名利所累

圣贤非无功业气节，但其循着这天理，则便是道，不可以事功气节名矣。

——《传习录》

名节是高山上挺立千年的松柏，名节是沧海边傲立数载的顽石。名节虽不耀眼，却持久坚韧，流芳万代。纵然名节没有那功利的诱惑之魅，也能焕发出清新的色泽。然而，世间有不少人将利抛在一边，却将名存放于心，结果，名节亦成为被追逐、被抬高甚至被物化的对象，由此失去了应有的淡然雅致。

关于如何正确看待名节这个问题，王阳明是这样认为的："圣贤非无功业气节，但其循着这天理，则便是道，不可以事功气节名矣。"这段话的意思是：圣贤不是没有功业气节，他们只是遵循天理，这就是道以圣贤不是以功业气节而闻名的。在王阳明看来，那些具有真才实学的人根本不用所谓的功业气节来证明自己学问广博或者人品出众，他们比常人高出的境界主要在于能顺应天理，而这个天理就是我们常说的"道"。

"不可以事功气节名"，反映了王阳明的为人准则。他之所以如此藐视功名，并非是对功名本身的漠视，而是对追逐功名的行为非常鄙视。大凡获得名节的人，多是因为所做之事被他人肯定，名节是随之而来的。如果以名节本身为目标去拼命追逐，这就是一种认识和道德上的偏离。

有一个书生，非常崇拜晋人车胤借萤火虫看书的事迹，于是他自己也效仿古人弄了一大堆萤火虫放在屋子里以备读书的时候看，由此在村子里出了名，得到了不少人的尊敬。

一天早上，有同村的人去拜访他，想和这个书生探讨一下最近所学的心得，结果这个书生的家人告诉来访者说："他已经出门了，并不在家。"那个拜访者听了之后感到很诧异，就问："他既然在晚上借着萤火虫的光看书能够学一个通宵，为什么在大白天不读书而跑出去干别的事情呢？"家里人无奈地告诉来访者："书生出去不是干别的，而是去抓萤火虫，一去就是一整天，到晚上才能回来。"

车胤借萤火虫的光去看书，完全是家贫所致，因此他的夜读是真用功，求真知。而上面故事中的书生抓萤火虫，纯粹是为了贪图车胤勤学苦读的名声而耽误了大好时光，这就是本末倒置和虚伪的表现，尽管勉强给自己

争得了一点“名”，然而时间一长难免露出马脚。这种通过投机的方式来哗众取宠的名声，其寿命也不会太长，很快就会被人遗忘。

春秋时期，楚国和宋国之间发生了战争。宋国国君宋襄公素以“仁义”著称，他出征的时候，特意带了一面绣有“仁义”二字的大旗，并对部下说：“我这次带领仁义之师，一定会打败楚国的不义之兵。”

两军交战，楚军渡河，部下对宋襄公说：“等建军渡河一半的时候，我们就冲杀过去，一定会大获全胜。”

宋襄公指着“仁义”大旗说：“我们是仁义之师，自然要行仁义之事，怎么能乘人之危呢？”

等楚军渡过河，在岸边布阵，部下又对宋襄公说：“现在楚军阵形不整，我们冲锋过去，楚军一定会乱。”宋襄公一听这话，气得骂道：“你这个人怎么这么阴险，楚军还没有布好阵，我们现在就冲过去，那不是一件很丢脸的事情吗？别忘了，我们是仁义之师，要行仁义之事。”

过了一会，楚军冲了过来，宋军不敌，溃败而逃，宋襄公在这名部下拼死保护之下才得以杀出重围。经过这一战，宋国势力大衰，逐渐退出了历史的舞台。

宋襄公之前因为帮助齐王复位，因此被天下人称为“仁义”，然而，这个荣誉却毁了宋襄公的一生。因为他一心想要维护这个名，所作所为也是围绕这个“名”，即使是在战争中。他为名所累，为名而失败，因此受到了天下人的耻笑。

王阳明告诫大家不要为“名”所累，他本人也是这样做的。

王阳明生前获得了无数封号：政治家、思想家、军事家……不过，王阳明却丝毫没有因为自己受到那么多人的追捧而变得高傲自满，相反仍然以谦虚和谨慎的作为行走于世。从他的个人履历来看，他虽然曾经参加过几次科举考试但是这并不意味着王阳明考取的是“功名”，其实他考取的是

“实现理想的平台”。在他第一次参加科举考试失败之后，王阳明说他感觉有些难受，不过这种难受不是因为他落榜而是不能为国家效力。由此可见，王阳明的政治生涯只是为了实现报国安天下的理想，而绝非为自己牟取私利。支持他做出这一切行为的动力就是他心中时刻不忘的“道”——对人生目标的追求和坚守。

古语有云：“声名，谤之媒也。”这句话点明了“虚名”的害处，然而生活中却有很多人对此贪恋不已。人生如此短暂，需要做的事情实在太多，为这么一点点虚无缥缈的东西耗尽自己的精力实在可叹可惜。

心无所求是做人的最高境界

饥来吃饭倦来眠，只此修行玄更玄。说与世人浑不信，却从身外觅神仙。

——《静心录之八·外集二·答人问道》

饿了就吃饭，困了就睡觉，做人做事顺其自然、活在当下，无所要求，才能领悟快意人生。

纵观王阳明的一生，他生性豪放豁达，一生都在追求圣人之道，无论走到哪里都以国家和百姓为第一要事。也正因为此，使得他常常得罪朝廷中的一些官员和权贵，在仕途之中屡次遭到不公平的待遇，受尽了四处飘零的苦楚。但是王阳明无论身在何处，面临着怎样的艰难环境，一直都保持着一种乐观向上的精神，无所求地做着自己的应该做的事情，为国家和百姓鞠躬尽瘁。也正是因为他这种无所求的精神，才让他的心学最后名满天下，成为中国历史上受人尊崇的圣贤之人。

宁王作乱其实早就已经做好了准备，开始他的府第并没有护卫，为了得到自己的部队，他便贿赂刘瑾，与他狼狈为奸，还每年向皇帝献上各种灯笼，其目的就是博得朱厚照的一笑，恢复自己的护卫职权。最终刘瑾私自恢复了宁王的护卫职权，而宁王也就堂而皇之地在南昌自己的王府之中打造兵器，操练自己的军队。随着时间的推移，宁王的谋反之心竟然渐渐公开了。朝廷之中自然有正义之师上疏皇帝，告诉皇帝宁王朱宸濠早就有了谋逆之心，需要削去他府第的护卫头衔，解散他的士兵，可是皇帝却将这些大臣的话当作耳旁风。

说到底宁王朱宸濠造反从某些程度上讲是皇帝的纵容，当然宁王也看到了皇帝的昏庸，觉得他都可以坐皇帝，而自己要比这个朱厚照强多了，当然也可以坐上皇帝的龙椅了。宦官当权的大明朝已经腐败至极，宁王公然与朝廷中诸多大臣交往并相互拉拢，其目的昭然若揭。后来刘瑾东窗事发，被皇帝处死，但是这对宁王来说一点影响都没有，因为他立刻就和朱厚照身边另一个红人太监钱宁交往上了。据说，钱宁除了爱钱没有其他嗜好。于是乎宁王就对钱宁挥金如土，而钱宁收受了宁王的好处，便在皇帝面前肆意地为宁王说好话。

在钱宁的帮助之下，宁王不仅保住了府第的护卫队，更争得了江西的兵权，从此江西就成了他的地盘，他在那里可以说是为所欲为。而另外一个方面，那就是他看到了皇帝朱厚照的昏庸，这一点也让他更加坚定了自己叛乱的决心，同为皇室子孙，你能做的，我宁王为何就做不得呢？他开始四处网罗，为自己物色合适的谋士，就这样他找到了身边最为贴身的两个谋士。一个是刘养正，此人也算是一个神童级别的人，但是却和科举无缘，屡次考试屡次落榜，后来他一怒之下发誓再也不去参加科考，从此安心在家修身养性。后来朱宸濠几次三番派人带着礼物去请他出山，才到宁王府与朱宸濠共谋大业。宁王的另一个谋士叫李士实，这个人原本是翰林官，也就是皇帝的秘书，每天出入朝廷的图书馆看看书，懂得一些谋略。朱宸濠来找他，将自己的抱负一说，没想到此人竟然拍案称好。就这样，朱宸濠找到了自己身边的两位谋士。

1519 年 5 月，钱宁不再像以前那样受到朱厚照的恩宠，而江彬和张忠则勾结在一起与钱宁争宠。争斗之中，宁王成了江彬与张忠扳倒钱宁的工具。为此，皇帝朱厚照想要再次革去他的护卫队，这样一来宁王再想恢复可就是难上加难了。宁王听到这消息之后，叫来两位谋士商量此事该如何做，两位谋士一听便说，一不做二不休，既然想要造反，不如趁着明日生日之时将江西的官员一举拿下，不跟着起义的就杀无赦。为了师出有名，他们编造了奉太后命令发兵讨罪的圣旨。当天夜里，宁王集结部队将近十万，然后在家里等待。

1519 年的 6 月 14 日，宁王府里热闹非凡，但凡江西的大小官员都前来为王爷祝寿，就在宴会进行到高潮的时候，宁王站出来宣布："接到太后密旨，要出兵北京，讨伐皇帝朱厚照。"众官员立刻明白宁王要造反，但是顾及自己的家眷，只好都忍耐了，而孙燧却站出来质问圣旨何在。宁王只问他要去南京保驾还是不保，孙燧大骂宁王谋反，结果被士兵拿下。接着许逵也质问宁王，结果也成了牺牲品。

事情很不巧，宁王造反偏偏被王阳明撞见，按道理王阳明的职责是去福建平定兵变，至于朱宸濠谋反之事，根本就不在他的职责范围之内，对于此事他大可以装作不知道，然后撒手不管。但是他没有作丝毫考虑就开始想办法阻止宁王。此时在他心中，得失早已经不再重要了，阻止宁王更不需要什么理由，也根本没想将来有所要求，正因为此，他后来才得以在江西备受百姓爱戴。

不要放纵自己的欲望

喜怒哀乐，本体自是中和的。才自家着些意思，便过不及，便是私。

——《传习录》

世界本是一个大游乐园，不仅孩童游戏其中，就连大人们也不能“免俗”。一些东西琳琅满目地遍布在我们的生活中，看起来是如此华丽多彩。殊不知，一个个的背后都是无尽的沟壑，只要被吸引住了就很容易陷进去，逐渐迷失自我，最后稀里糊涂地葬送了理想、修养乃至道德底线。可见，无止境的欲望最终会吞没一个人的良知，只有戒掉对物欲的迷恋和追逐，才能通向“悟道”的境界。

如何正确地面对欲望，这是一个深刻的人生修行课题。王阳明曾经说过：“喜怒哀乐，本体自是中和的。才自家着些意思，便过不及，便是私。”这句话的意思是：喜、怒、哀、乐，本体原为中和。自己一旦有了别的想法，稍有过分或达不到，便成了私欲。从王阳明的这番话中，我们可以领悟到这样一个道理：当一个人的心不受欲望控制的时候，喜、怒、哀、乐之间不会存在多大的差别。因此，克制欲望最好的办法就是避免欲望的诱惑，感恩生活，让自己对需求的满足产生发自内心的惬意。

俄罗斯的伟大诗人普希金曾经写了一个名字叫《渔夫和金鱼的故事》。其中反映的就是贪欲害人的哲理。

大海边住着一对老夫妻，他们非常贫穷，靠打鱼为生。有一天，老头儿出海打鱼，竟然从海里捞上来一条金色的鱼。金鱼说："老爷爷，放了我吧，为了报答你，我可以给你任何东西。"老头儿非常善良，什么也没要，就把金鱼放回了海里。

老头儿回家后和老太婆说起此事，老太婆指着老头儿就骂："你这个傻瓜，真是个老糊涂，不敢拿金鱼的报酬！哪怕要只木盆也好，我们那只已经破得不成样啦。"于是，老头儿就走到海边喊金鱼，说："老婆子说，想要一个新木盆，你就给我一个新木盆吧。"于是，老头儿家里多了一个新木盆。

老太婆发现原来金鱼说的是真的，暗怪自己太傻，居然只要了一个木盆，于是又催着老头儿去要一栋房子，结果金鱼又答应了他们的要求。老太婆要了房子后，还觉得不满意，她不愿意干活了，想当一个世袭的贵妇。金鱼满足了她的愿望后，老太婆又想当自由自在的女皇，金鱼虽然有些不满，但还是满足了她的要求。

老太婆当了一段时间的女王后，还是不满足，她想当海的

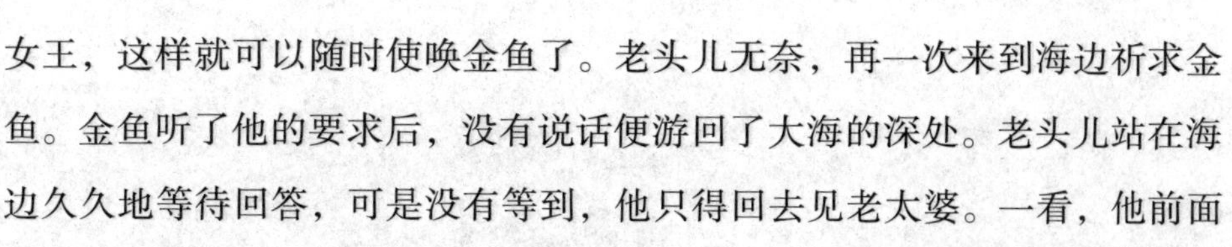

女王，这样就可以随时使唤金鱼了。老头儿无奈，再一次来到海边祈求金鱼。金鱼听了他的要求后，没有说话便游回了大海的深处。老头儿站在海边久久地等待回答，可是没有等到，他只得回去见老太婆。一看，他前面依旧是那间破棚，他的老太婆坐在门槛上，她前面还是那只破木盆。

老夫妻二人原本很穷，是金鱼一次次地给予他们高质量的生活，然而他们还是不满足，一次次地提出过分的要求，最终金鱼收回了赠予他们的东西，于是老夫妻二人又回到了以前贫穷的日子。普希金写这个故事，是为了告诫人们，不可以太贪得无厌，要学会知足常乐，毕竟成功来之不易。

王阳明告诫人们不要贪婪，他本人也是这样做的。

王阳明一生对朝廷的各种安排都能随遇而安，因为他原本就没有什么当官的欲望，只有为民造福的理想。来到龙山后，他就和当地人民打成一片，种菜刨坑唱山歌；平反后让他当庐陵县令，他就心甘情愿地做父母官，促进地方繁荣发展；征讨朱宸濠有功却没有得到封赏，他就去南昌一边读书一边讲学会友修炼心性……王阳明依然乐得自在，因为他没什么欲望，他有的只是需要，是任何时候任何情境中都能满足的需要，所以他总是笑容满面。

欲望这东西就是一张大额度的信用卡，透支给你的不仅是超前消费的快乐，更是你下个月面临账单日的愁眉苦脸。有些人看透了这东西，所以能理性地生活，能够控制住自己的欲望，不会给自己找麻烦找烦恼；而有些人就稀里糊涂地上了贼船，在获取了短暂快乐的同时换来了长久的烦恼，到最后，还为此感叹人生苦短。

拒绝沉溺于声色货利

初学用功，却须扫除荡涤，勿使留积，则适然来遇，始不为累，自然顺而应之。良知只在声色货利上用功，能致得良知，精精明明，毫发无蔽，则声色货利之交，无非天则流行矣。

——《传习录》

人生在世，总有孽障困扰其心，归纳起来，无非四个字：声色货利。声是指歌舞，色是指美色，货是指金钱，利是指私利，这四样外物皆是人们欲望中最经常去追求的东西，也被称为欲望的象征。来世间走一遭，倘若心中无半点欲望自然违背人性，但若沉溺其中，就会让人彻底沦为欲望的奴隶。以跌撞之姿行走，以贪婪之心苟活，因为身上背负了过于沉重的负担，心中便不得清静，自然也难成大事。

曾经有一位学生就声色货利这一话题向王阳明求教。他说："良知恐怕也存在于声色货利之中，这种观点对吗？"

王阳明回答说："固然。但初学用功，却须扫除荡涤，勿使留积，则适然来遇，始不为累，自然顺而应之。良知只在声色货利上用功，能致得良知，精精明明，毫发无蔽，则声色货利之交，无非天则流行矣。"

王阳明讲的这段话的意思是：初学用功时，对自己的内心必须进行扫除荡涤，使它臻于清静澄明的境界，不要让自己的心陷入声色货利之中，它们来了既不欢迎，去了也不留恋、惋惜，这样，才能以坦然的心情来对

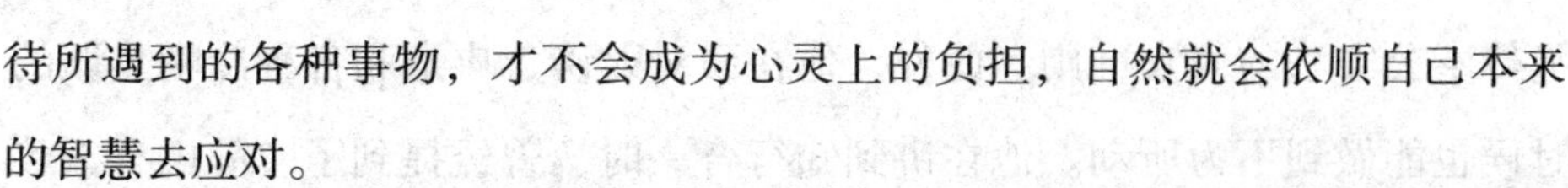

待所遇到的各种事物，才不会成为心灵上的负担，自然就会依顺自己本来的智慧去应对。

王阳明讲这段话是想让弟子明白一个道理：良知也许会存在于声色货利中，但这不是你沉溺于此的理由。人生在世，需要保持一种不动心性的状态，不因声色货利这些外物而动心。因为这是一个人想要取得成功的必经之途，也是一个人思想意志的中流砥柱。如果一个人失去了对声色货利的免疫力，轻则迷乱心性，重则丧失性命。

有一个人无意中得到一张藏宝图，图纸上面标明了在某个深山老林里埋着宝藏。于是，这个人就带着工具和口袋前去寻宝。

当他来到那片树林里的时候，费尽周折终于找到了第一个藏宝之地，那里满屋子都是金币，这个人把所有的金币都装进了口袋。当他离开的时候，忽然发现门上有一行字：“知足常乐，适可而止。”

这个人笑了笑，根本没当回事，接着又扛着袋子来到第二个藏宝地。出现在他眼前的是成堆的金条，于是他又将这些金条放进了袋子。在他离开之际，忽然发现门上写着一行字：“放弃下一个屋子中的宝物，你会得到更珍贵的东西。”

这个人还是不当回事，来到了第三个藏宝地，发现里面有很多钻石。忽然，他看见在这堆钻石的下面有一个小门，心想里面肯定藏着更值钱的东西。然而当他跳下去的时候才发现里面是一大片流沙，很快他就被这些流沙吞没了。他口袋里的那些金币、金条和钻石，最终都和他一起长埋在了流沙之下。

故事中的这个人如果在发现警示之后马上离开，那么他回到家里之后就会变成一个名副其实的富翁。然而，他却不能够在声色货利面前保持淡定，结果因为贪婪而失去了所有的财宝甚至是生命。

王阳明从步入仕途开始就经受住了贿赂和贪污腐化的侵袭，始终能够坚持奉公守法的为官准则。此外，他在面对毁谤、攻击和各种冷嘲热讽的时候也能做到不为所动。他在讲到知行合一时，曾经提到了“静虑息欲致良知”这句话，意思是当人们感到整日为声色货利而感到疲倦的时候，只要找个没人的清静地方闭上眼睛享受一会儿无欲无求的状态，就能够打开潜藏的心眼去看清内心存在的世界。于是，原本缠绕在肉体之躯和世俗之心上的疲倦和贪婪就会渐渐消退，随之而来的是一种祥和与安宁，甚至可能是悟道。从这句话我们可以发现，王阳明很清楚在一个充满着声色货利群魔乱舞的社会中，想要让内心时刻保持着安宁并不容易，但正因为困难，人才更应该迫切地追求这种境界，这样才能超越普通人到达辉煌的顶点。

在人生的修行中，要做到心如止水但并非是做到心如死水。王阳明所追求的平静只是一种暂时的、相对而言的状态，在平静的心境之下也可以翻涌着波浪滔滔，就像我们经常提到的黎明前的黑暗似的，在最平淡的事物中往往会蕴藏着最为激烈的变革。因此，只要一个人能够在这种平静中感受新的层次的提升，就能打开一条通往内心深处的大门。很多时候，欲望和人是直系血亲，所以人们在这世界上不容易安下心的原因主要在于放纵自己的欲望。

让名利得失如清风过耳

一切得丧荣辱，真如飘风之过耳，奚足以动吾一念？今日虽成此事功，亦不过一时良知之应迹，过眼便为浮云，已忘之矣！

——《传习录》

太史公《货殖列传》中言：“天下熙熙皆为利来，天下攘攘皆为利往。”名利，这是很多人追求的人生目标，正是因为有名利的存在，才使得人甘愿冒冬寒夏热之苦，赴火海刀山之险。也正因为如此，很多人将争名夺利看做是人生的常态。

对于名利这两个字，王阳明是怎么看的呢？

在平定宁王朱宸濠的叛乱中，王阳明立下了大功，得到了朝廷的奖励，加官晋爵自然是免不了的。得知老师有这样的鸿运之后，弟子们纷纷前来道贺。然而，面对一群为自己高兴的子弟，王阳明却并没有自鸣得意，他幽幽地说：“一切得丧荣辱，真如飘风之过耳，奚足以动吾一念？今日虽成此事功，亦不过一时良知之应迹，过眼便为浮云，已忘之矣！”

这段话是什么意思呢？就是说兴衰荣辱、名利得失，在他看来都如清风一样，转瞬间就从身边掠过，不会让他的心泛起丝毫的涟漪。虽然建功立业，成一时之名，但那也不过是内心良知作用在外物中，过眼就如云烟般消散，早已不会再记挂。

从这番话中我们能够看出王阳明的心志。他非但不认为争名夺利是人生常态，反而将名利看做是过眼云烟。在他看来，人是应该淡泊名利的。

王阳明的话，虽已过数百年却值得我们思索。从这段话中，我们不难理解为什么他能够被称为“圣人”了。在这段话中，我们能够品味到两个字——淡泊。在王阳明看来，看淡功名利禄，无视个人荣辱，这才是人应该有的境界。

然而世间人能够看清这一点的毕竟是少数，世人多是挣脱不开名利的羁绊，为了这两个字终生忙碌，为之喜怒哀愁、辗转反侧。一个人没有名利时苦苦追求，等有了名利却又害怕失去，如此循环，把自己的一生就交付到了名利上面。然而争名夺利又如何？不过是误了生前事，毁了身后名。

因此，古今中外但凡是成大事之人，都是看淡名利的。他们只专注做好自己的分内事，淡定地过好自己的人生，至于名利，得之不以为喜，不得不以为忧，如此而已。

阿根廷有位著名的作家叫博尔赫斯。有一天，博尔赫斯在图书馆的同事捧着一本《大英百科全书》过来找他，对他嚷嚷道：“博尔赫斯，快来看啊，居然有个和你重名的阿根廷人上了百科全书。真巧，他也住在布宜诺斯艾利斯，看着岁数应该和你差不多吧，你看这照片，也和你很像，这真是太巧了。”

博尔赫斯看着这个大惊小怪的同事，微笑着对他说：“你说的这个人就是我！”

听到博尔赫斯这话，这名同事当场愣住了。他怎么也想不到，百科全书上面这个被称作“为整整一代伟大的拉美小说家开创了道路”的人，居然是面前这个平日里谦卑而低调的老人。

博尔赫斯这个经历堪称是一个经典的笑话，我们在笑这名不谙世事的同事有眼无珠的同时，也应该想到另一个方面：博尔赫斯该是一个多么淡泊的人啊！以至于每天和他在一起工作的人都不知道他是影响整个拉丁美洲乃至于世界文坛的大文豪。

大多有成就的人物，都有着同样的人生态度。我们必须相信，正是因为淡泊，不务虚名虚利，才使得博尔赫斯能够在一个安静的环境中潜心创作，而也只有如此淡泊的人，才能在取得成就之后获得别人由衷的钦佩和尊敬。

《大学》中说：“知止而后有定，定而后能静，静而后能安，安而后能虑，虑而后能得。”一个人，若想真真正正地做出一番令人叹为观止的成就来，首先要做的就是让自己的心静下来。

王阳明告诫人们要淡泊名利，现实中他也是这样做的。在王阳明的一生中，除了平定宁王之乱，还经历过好几次大的起落，然而无论是在人生的高峰，还是处于境遇的低谷，王阳明始终能够泰然处之。原因何在？就是因为他能够淡泊名利，能够让自己的心静下来。心静了，欲望自然而然也就没了，不会为得到名利而自傲，自然也不会因为失去

名利而悲伤，如此才算是真正掌握了自己的人生。

作为后来者，王阳明的所作所为我们虽身不能至，但却应该心向往之。以王阳明淡泊的人生态度作为自己的人生态度，以王阳明看轻名利的所作所为来要求自己，我们虽不能成为像王阳明一样的人，但至少会让生活因此而变得安宁，让人生变得更有真意。

第八辑

从容淡定，处变不惊逍遥一生

《幽窗小记》里面有这样一副对联：宠辱不惊，看庭前花开花落；去留无意，望天上云卷云舒。淡定，是一种境界，是一种心态，也是一种生活状态。生活无论是惊涛骇浪还是风平浪静，我们都需要淡定之心，这样才不会因为太过兴奋而忘乎所以，也不会太过悲伤而痛不欲生。

顺其自然，不生忿懥

故有所忿懥，便不得其正也。如今于凡忿懥等件，只是个物来顺应，不要着一分意思，便心体廓然大公，得其本体之正了。

——《传习录》

每个人在生活中都难免会遇到一些烦心事儿。当面对这些烦心事儿时，人就会有一种忿懥之念袭上心头。此时一点的刺激，便会让人大发雷霆，进而做出一些出格的事情来宣泄自己内心的不快。

然而我们也知道，用不理智的方式宣泄是非常不可取的，一则会给人带来伤害，二来对于愤怒的消减，其实是于事无补的。那么，对于愤怒，我们应该怎样去做呢？在这个问题上，王阳明给了我们答案。

王阳明说："故有所忿懥，便不得其正也。如今于凡忿懥等件，只是个物来顺应，不要着一分意思，便心体廓然大公，得其本体之正了。"这句话是什么意思呢？就是说有所愤怒，心就不能中正，而对于愤怒等情绪，正确的做法就是顺其自然，不过分为外物所扰，让一切顺其自然，那么心体自会廓然大公，从而实现本体的中正了。

由此可见，对于内心的愤怒，王阳明提倡的就是这四个字：顺其自然。

我们要知道，人生没有绝对的好，也没有绝对的坏，很多时候都是能够互相转化的。处于不好的境遇当中，我们自然是愤恨不已，而换个角度考虑，这其实不也是意味着我们的境遇会一点点变好吗？既然如此，那何不顺应环境，等待它一点点变好呢？

有没有人在逆境中还能泰然自若？当然有，这些人大多信奉一句话——我不是境遇的牺牲者，而是它们的主人。这些人能够协调好自己与环境之间的关系，能够主动地去顺应环境，而不是对环境产生忿懥之念。

福州的罗山道闲禅师本是长溪陈氏，出家于福州龟山，年满成为比丘之后，便下山四处游历。

有一次，他前去拜谒石霜禅师，问石霜："心的灵知灵觉已现，却往往会被一大堆纷乱的念头束缚住了。在这种起伏不定的时候，我该如何用功呢？"

石霜禅师回答他说："最好是正视它，直接把各种念头抛弃掉。"

道闲对石霜的回答不是很满意，便又去请教岩头全豁禅师，问了同样的问题。

全豁禅师说："那狂妄该止时便会止，顺其自然好了，管它干嘛！"

我们看，全豁禅师对于人生的领悟是在石霜禅师之上的，石霜禅师能够将杂念抛开已然是超于凡人了，然而全豁禅师却能够让杂念完全不入于心，可以说略胜了石霜禅师一筹。

当然，我们也要知道，顺其自然并不是对于人生的完全放任，那实际上是对自己不负责任。顺其自然是放宽心，不怨天尤人、悲观失意，也不自傲自满以致乐极生悲，而是从心底里放下对那些决定不了的事情的牵绊，让它们顺应发展规律。

顺其自然的生活态度，是指能使自己的心境较好地适应所在的生活环境，无论它发生多大的变化，也不会因此而动怒。当人陷入一种不好的境遇，又无力改变现状的时候；当人生活突然发生变故，需要重新开始的时候；当人想摆脱目前的现状，却不知道下一步该如何去做的时候，不妨放宽心态，顺其自然。

顺其自然是一种适应，一种接纳，它需要人有足够的勇气和胆识来接受新的困难和挑战。不抱怨，不生气，只专注做好自己的事情，踏实地生活，并默默地寻找时机改变环境，这才是最好的应变能力。

平定宁王之乱后，王阳明曾因为不想让武宗带领的京军进入南昌，而和京军的首领江彬发生争执。为了报复王阳明，江彬派

他的同党张忠到南昌，目的就是找王阳明的茬，让王阳明难堪。

但王阳明一贯洁身自好，没有什么把柄给张忠，因此张忠便使出了流氓的招数——骂街。张忠找来了上百士兵，分成三班倒，天天站在王阳明的家门口骂人。要知道，张忠的手下全是一帮兵痞，这些人的嘴里能有什么好话？因此当王阳明的随从和下属们听到这些话时，都极为愤怒，准备找人收拾张忠。

然而出乎意料的是，王阳明却反对他们这么做。他非但不跟京军计较，还善待他们，病了给他们看病，冷了给他们盖房，从来不排挤歧视他们，怎么对自己的下属，就怎么对这些京军，至于他们骂不骂人任由他们去。就这样，一天天过去了，京军们终于改变了，前去骂人滋事的越来越少，任张忠催促多次，也没有人再上门给王阳明找别扭了。

那些京军就是来找茬的，跟他们生气又有什么用呢？倒不如顺其自然，看他们能骂到什么时候。这就是王阳明的态度，而最终的结果也证明了王阳明的睿智。

看透生死，活出淡定

只为世上人都把生身命子看得太重，不问当死不当死，定要宛转委曲保全，以此把天理却丢去了，忍心害理，同者不为。若违了天理，便与禽兽无异，便偷生往世上百千年，也不过做了千百年的禽兽。学者要于此等处看得明白；比干等，只为也看得分明，所以能成就得他的仁。

——《何陋轩记》

关于生死这个深刻又难解的终极命题，王阳明也有独特的看法。曾经有人向他请教《论语》中有关志士仁人的一章，王阳明为其解答："只为世上人都把生身命子看得太重，不问当死不当死，定要宛转委曲保全，以此把天理却丢去了，忍心害理，同者不为。若违了天理，便与禽兽无异，便偷生往世上百千年，也不过做了千百年的禽兽。学者要于此等处看得明白；比干等，只为也看得分明，所以能成就得他的仁。"这句话的意思是：只因为世人都把自己的生命看得太重了，也不想想有没有必要献出自己生命的时候就抱定了不死的决心，采取一切办法委曲求全，获得苟延残喘，于是就丢掉了自己的天理。如果一个人连天理都能够破坏的话，那还有什么事情做不出来呢？那些违背了天理的人，在某种程度上就变成了禽兽，即便能够在世上多活百千年，也不过做了千百年的禽兽。后来人要明白，像比干那样的人，只因为他们看透了生死，能够舍生取义，所以才被人们称为"仁"。

在王阳明看来，只有当一个人能够看透生死的时候，人生才不会再有任何困难。事实上，人们对于死亡的恐惧无非是来自对死亡本身的无知和对生存的偏执。所以王阳明认为既然人们无法预知死后的世界是什么模样，那么生前快乐还是死后快乐也就没办法做出定论，只是一种猜测罢了。

生死相对，同时相成，庄子说：“方生方死，方死方生。”生命中不能缺少死亡这一环，虽然死亡是人生必然经历的过程，但人人都怕死。佛教以解脱生死、觉悟成佛、弘法度生为首要目标，他们并不执着于肉体生命，身体只是装载灵魂的“臭皮囊”。

净空法师说：“在因果循环中，生命过程中的苦与乐、逆与顺、成与败、得与失、寿与夭、健康平安与多灾多难，都应该面对并接受。”平常人惧怕死亡，是因为不知道人死之后要去向何处。然而，死也是我们要承担的人生义务之一。

寂寥秋日的黄昏时分，若独自行走在一条铺满梧桐叶的路上，必然心生感慨。当一片片枯黄的叶子从枝头静静地飘落时，地面似乎就是深秋赋予它的归宿。

不知何处吹来的风，如同兰花手，悠然自适间，生命便已陨落。风与树叶之间，总有细数不尽的故事：春风吹绿了叶，夏风吹肥了叶，秋风把叶儿染黄，冬天的风把叶儿吹进尘埃。树叶的轮回，就像是人生的兜兜转转，循环往复间，没有永生，也没有消亡。每段生命的开始意味着过去的陨落，每段生命的结束，昭示着下一个未来。

生死从来不由人，甚至连佛祖也无法改变。人们总是问佛陀："佛死了到什么地方去呢？"佛陀总是微笑着，保持沉默，什么话也不说。

但是，这个问题一次又一次地被提出来，看来人们对这个问题还是比较关心的。为了满足人们的好奇心，佛陀对他的弟子说："拿一支小蜡烛来，我会让你们知道佛死了到什么地方去。"

弟子急忙拿来了蜡烛，佛陀说："把蜡烛点亮，然后拿过来靠近我，让我看看蜡烛的光。"

弟子把蜡烛拿到佛陀面前，用手遮掩着，生怕风把蜡烛吹灭了。

但是，佛陀训斥他的弟子说："为什么要遮掩呢？该灭的自然会灭，遮掩是没有用的。就像死，同样也是不可避免的。"

于是，佛陀吹灭了蜡烛，说："有谁知道蜡烛的光到什么地方去了？它的火焰到什么地方去了？"

弟子们你看我，我看你，谁也说不上来。

佛陀接着说："佛死就如蜡烛熄灭，蜡烛的光到什么地方去了，佛死了就到什么地方去了。和火焰熄灭是一样的道理，佛陀死了，他就消失了。他是整体的一部分，他和整体共存亡。火焰是个性，个性存在于整体之中，火焰熄灭了，个性就消失了，但是整体依然存在。不要关心佛死后去了哪里，他去了哪里不重要，重要的是如何成佛。等到你们顿悟的时候，你们就不会再问这样的问题了。”

不论是人的死亡，还是佛的死亡，都是人死如灯灭。但即使灯灭了，也并非什么都没有了。曾经的光依然在闪烁，蜡烛的意义在于其燃烧的过程。生生死死，且由他去，不要执着于如何永生，也不要总惦记着人究竟如何做才能在死后上达四方乐土，这都是虚无缥缈无踪可觅的乌有，最好趁生命还在时，多做善事，认真修行。

面对死亡，要有如落叶归根的自然；面对死亡要有如空山圆月的明净。缠绕心灵的那条生死线，只有自己才解得开。

人的一生很短暂，百年也只是一瞬，在茫茫历史长河中不过是沧海一粟。当人的生命消逝时，我们常常觉得它比叶子的凋零更加悲凉，花谢了会再开，潮退了会再来，可是人的生命逝去之后，将以怎样的方式重新回归呢？

法师说：“接受自己逐渐步入高龄的事实，明了外表、容貌、体力上的改变，都不过是一种自然现象；对于死亡也要以更宏观的角度来看待，体认到那不是结束，而是另一阶段生命的开始，便能坦然面对，不再有任何恐惧和忧虑。”

王阳明一生的潇洒，归根结底就在于他无惧生死，所以才能够做自己想要做的事情。想去效忠朝廷，那就跟邪恶势力对着

干；想要平叛匪患，那就提着剑骑上马冲上战场。对于他来说，活着就没必要去害怕死亡，只要内心的声音在指引着他，只要天理在驱使着他，就应该抛却“生命只有一次”的顾虑，尽情地投入到自己醉心的事业和理想中去。

人的一生，总有一些问题得看透，否则的话，就是与自己过不去。像生死这件事，实在没必要杞人忧天。每个人总有一死，大家都是平等的，所以请看淡些，生死是很自然的事情，既然如此，有生之年就请好好地活着，积极做一些活人应该做的事，想一些活人应该想的问题。

在生活中笑看人生起伏

譬如行路，不小心跌倒了，起来便走，不要欺人做那不曾跌倒的样子出来。

——《传习录》

无论是辉煌还是低谷，无论是成功还是失败，都是人生中的一段旅程。今日的辉煌并不能照耀前路的灿烂，而今天的惨败亦不能预示日后的颓废。人生的风景万千，正是这一段段不同的旅程造就了众生。当我们处于辉煌或低谷时，要学会让它们进行有机的转化，笑对人生的每一次转折，淡看每一次得失，才能勇敢地走完下一段路程。简而言之，想要让内心处乱不惊，就要保持平淡之味。

关于如何看待人生的起伏，王阳明曾经说过这么一句话："譬如行路的人，不小心跌倒了，起来便走，不要欺人做那不曾跌倒的样子出来。"可见，王阳明认为失败和失意都没有什么可怕的，只要能够保持内心的淡定就能应付自如。这就像一个走路的人忽然摔倒了，只要身体没摔坏，拍拍身上的土就可以起来继续赶路，不要自欺欺人，装作没有跌倒的样子。

王阳明说得在理。王阳明在教导我们，做人要常怀一颗淡定的心，不管别人的非议与嘲笑，不理会别人的诋毁与诽谤，不顾及自己的荣辱，我只要良知做我内心的主宰，生生不息，自然就会日进，即使有外界的干扰也不为动摇。

一个秀才进京赶考，但由于考场失利而名落孙山，秀才自然心情沮丧。一天，他和几个朋友出去郊游，遇见了一个鹤发童颜的老者。和老者攀谈了几句，秀才就将心中的苦闷一五一十地对他讲了。

老者听了之后，问：“昨天早上第一个和你说话的人是谁？”

秀才摇摇头，表示自己不记得了。

于是老者又问：“那么，你明天会遇到什么人？”

秀才很诧异地说：“明天还没有到来我怎么能知道？”

老者笑了笑，又问：“此时此刻，坐在你面前的人是谁？”秀才愣住了，好半天才反应过来：“我面前坐着的人当然是您了。”老者点了点头说：“昨天的事情已经被你忘了，明天的事情还没有到来，那么你唯一能把握的就是当下。既然如此，你何必为以前的事情而烦恼呢？不如放下心中的包袱，用一颗平淡之心面对。仔细想想，你其实什么也没有失去，一切仅仅是刚刚开始而已。”

秀才听了老者的话顿时恍然大悟，而老者则继续说下去：“既然现在是新的开始，那么为什么要执着于已经发生过的事情呢？这就好比潺潺流动的溪水，即使偶尔被石头阻碍，也同样能奔流万里最终汇成波涛汹涌的江海。”

秀才微笑着点点头，终于卸下了一直压在心头的重担。三年之后，他重新进京赶考，竟然考中了状元。

秀才因为考试失利，便一直耿耿于怀而无法自拔，这种患得患失的心境影响到了他的心情，导致他迈不出前进的步伐。老者劝说他放下过去，不执着于已发生的事情，也就是要他保持一颗淡定的心，笑看人生的起伏。

因此在心学的体系中，王阳明反复强调“心不动，随机而动”这一核心思想，因为只有内心单纯了才有可能理清思路让心平静如水。王阳明的心学，其精髓就是不让人将外界的流言蜚语、是非毁谤以及个人的荣辱看得太重，而是要让人形成一种无所牵挂、无所畏惧的弹性心理状态。有了这种强大的内在支撑作基础，在考虑事情的时候就能够做到恰到好处，从容地周旋于各种矛盾和变化中。

淡定是人生的另一种强大

父之爱子，自是至情。然天理亦自有个中和处，过即是私意。人于此处多认做天理当忧，则一向忧苦，不知已是“有所忧患，不得其正。”

——《传习录》

常言道：“人生不如意之事十之八九。”现实生活中，让我们感到痛苦难熬的事情多不胜数。尽管很多事我们自身难以抗拒，但我们却能改变我们的心境，让心情停留在阳光下，用积极的态度去思考和面对，由此便能发现事物最光明的一面。以乐观的心态处人处事，便可以发现其中也蕴藏着快乐的因子，那些原本不如意的事情则变成了上天赐予我们的礼物。我们将在跨过障碍的瞬间，看到内心世界正在茁壮地成长。

有一天，王阳明的弟子陆澄收到家信，得知儿子病危，他心中十分忧闷，不堪忍受。王阳明为了开导他，就对他说：“父之爱子，自是至情。然天理亦自有个中和处，过即是私意。人于此处多认做天理当忧，则一向忧苦，不知已是‘有所忧患，不得其正。’”这段话的意思是：父亲爱儿子，自然是最深的感情，然而天理也自有一个中和处，过分了就是私意。人在这时往往认为按天理就该忧烦，就一味去忧苦，却不知道这已经是“有所忧患，不得其正”。

“有所忧患，不得其正”是《大学》里面的一句话，原意是修养自身在于端正心智，如果心中有所忧患，就得不到中正。王阳明借用这句话劝解陆澄不要太过悲伤，保持内心的淡定。因为人一旦内心不淡定了，做人或是做事就会掌握不好分寸，像一个喝醉酒的司机开车穿行在闹市区一样，危险度可想而知。相反，一个人能够在看不到希望的时候还能保持淡定的心态，这才是超越常人的非常之举，自然能够收获非常之功。

王东是一个销售员，在他刚刚进入这一行的时候，由于经验欠缺总是遭到客户的拒绝，这让他承受了非常沉重的心理压力，每天都在消沉的情绪中度过，几乎绝望了。

有一天，他心情抑郁地来到乡下散步，正在田埂边小解的时候，忽然看到有一只青蛙蹲在那里。因为无聊，王东就把尿撒在了那只青蛙的脑袋上。原本他以为青蛙一定会狼狈地逃窜，没想到它不仅没有离开的意思，反倒安静地蹲在原地，一副十分享受的样子。这时王东才意识到，这只青蛙并没有把被尿淋当做一种耻辱，而是把它看成了一次温水淋浴而已。

王东顿时眼前一亮：以前他总是将客户的拒绝当成对自己的羞辱，所以觉得自己的工作十分低贱，人生也没有前途。既然如此，为何不改变一下心境呢？就像那只青蛙一样，何不将原本的羞辱当做一种享受，以此来提升内心修为的境界呢？这样一来，即使他遭受再多的拒绝，只要能保持内心的乐观和淡定，这种羞辱又怎么能影响到自己呢？

王东在顿悟了这个道理之后，从此不再害怕客户的拒绝，而是想方设法地分析自己被人拒绝的原因，逐渐加强了自己的销售能力。日子一久，王东的业绩变得越来越好，还连续获得了多年的销售冠军，最后成为业内资深的销售大王。

如果王东不能够正确对待客户的拒绝，那么积压在他心头的消极情绪会越来越严重影响他的工作，他也会离成功越来越遥远。可见，只要内心保持坦然和淡定，原本的挫折也可以化作一次提升自我的良机。

王阳明告诫弟子要保持平静淡然的心境，他自己也是这样做的。

当初朱宸濠起兵造反之后，王阳明迅速地擒获了这个乱臣贼子。然而正德皇帝在得知宁王被擒的消息之后，竟御驾亲征，王阳明只好押解朱宸濠北上归京，却遭到了皇帝的猜忌。王阳明无奈，只好找到太监张永说

情，然而朱厚照对王阳明的态度丝毫未变，委任他为江西巡抚，将其强行留在了南昌。王阳明的徒弟们闻讯之后，大呼老师被皇帝耍了，而王阳明却告诉他们，这点小事如果都沉不住气的话，将来还怎么成就更大的事业？可见，王阳明在遭遇了被皇帝误解、被小人攻击、被强制委任等一系列挫折之后，内心仍然保持淡定。最后，在他坦然接受了这些变故之后，他的官场行走路线稳步向前，并没有受到任何影响。而且，正是因为他能够安心于现状，在南昌有了可以继续钻研心学的大好时机，促使他在致良知的道路上有了进一步的提升。

每一天，生活都会给我们带来各种情绪，有令人开心的，有令人沮丧的，也有令人抱怨的……其实，这些千变万化的情绪并非它的真实面目，而是在我们的心灵注视下产生的幻影。

直面现实泰然自若

今却不济，便要矫强做出一个没破绽的模样。这便是助长，连前些子功夫都坏了。此非小过。

——《传习录》

人生有高峰，就自然会有低谷；有坦途，就自然会有波折。人生在世，谁也免不了被命运之神作弄。在人生的坦途中，很多人还都能够保持一份泰然的姿态，不恣意狂喜。然而在人生的低谷中，我们却很少能够见到能泰然自若的人。这是什么原因呢？道理很简单，那就是因为现实与人的期望之间的差距。

人总是期盼着好的一面，总是喜欢把眼睛向上望，因而当人生处于低谷当中时，内心就自然而然会产生沮丧、失望、愤怒此类的情绪，让人久久不能平静。但我们也知道，若想走出低谷，第一件要做的事就是认清脚下的路；人若不能让心境平和下来，那走出低谷便无从谈起。那么，如何能够让自己的心境平和下来呢？让我们看一看王阳明的回答。

王阳明曾告诫自己的弟子："今却不济，便要矫强做出一个没破绽的模样。这便是助长，连前些子功夫都坏了。此非小过。"这句话直译过来就是说：不可因为从前用了功夫，而到现在这功夫不管用了，还勉强装出一个没有破绽的样子，这就是助长。这种做法，连从前的那点功夫也给遗弃了，这可不是小错误。

王阳明这段话带给我们什么道理呢？那就是若想让学问精进，认识到自己真实的水平是第一位。那么同样的，若想走出人生的低谷，就应该认清自己所处的位置；认清了自己的位置，对自己有了充分的了解，那么内心就自然能够平和下来了。因此说，人只有直面现实，才能淡定自若。

“受苦的人，没有悲观的权利”，这是德国哲学家尼采说过的一句话。自古英雄所见略同，对于环境的恶劣和人心的浮躁，无论古今中外都是同一种看法。

“客行日日万峰头，山水南来亦胜游。布谷鸟啼村雨暗，刺桐花落山溪幽。蛮烟喜过青杨瘴，乡思愁经芳杜洲。身在夜郎家万里，五云天北是神州。”此诗王阳明写于被贬至贵州龙场的路途中。

出生官宦之家的王阳明，二十八岁中进士后便在工部为官。那正是明武宗正德皇帝当朝，大太监刘瑾一手遮天之时，整个朝廷乌烟瘴气。作为有志于国事者，王阳明会同其他同僚上疏参奏刘瑾，却反被刘瑾诬陷，最终被廷杖四十并发往贵州龙场驿。

看着一路的穷山恶水、满眼荆棘丛生的山梁和人烟越来越稀少的环境，王阳明也曾一时迷惘，他开始怀疑自己的决定，甚至想过要逃走拒不赴职。

然而最终，他想起了临行前父亲鼓励的话语，想起了自己长久以来心中的梦想——悟道。这恶劣的环境不正是给自己一个静下心来悟道的机会吗？转瞬间，王阳明心境改变了，从灰心变成了泰然处之，而心境的改变也给他带来了翻天覆地的变化。他最终不但改善了龙场的环境，安置了附近的苗民，还在这穷山恶水之中真正悟出了“道之所在”。

环境并没有变，变化的只是王阳明的内心，从开始的怨天尤人到最终的直面现实，王阳明对于人生的态度成就了他的伟业。

很多时候，我们总是喜欢说环境造就人，仿佛人有所成就都是环境使然。然而在贵州龙场那恶劣的环境中，却诞生了王阳明这样的圣人，看来造就人的其实还是人自己，而人若想成就自己，首先最应该做的就是直面现实。

为什么有的人能够从容自在

若主宰定时，与天运一般不息，虽酬酢万变，常是从容自在，所谓“天君泰然，百体从令”。

——《传习录》

如果我们的思想总是处于混乱的状态，那么做任何事情都是忙得团团转。就算是没事的时候，心中那些毫无意义的念头也会不断浮现出来。这样生活工作都会感到很大的压力，就无法享受到人生的乐趣。

王阳明认为，心灵是身体以及行为的主宰，只有让心灵安定了，才会有天地运行的生生不息，就算是平常需要周旋和应酬，事务烦琐，也可以轻松从容面对。也就是说，只有让心灵达到一种泰然处之的境界，人的身体和言行才会遵从心灵的指引。

随着王阳明的学生越来越多，心学也被广泛传播了出去，而他在学术之中面对的敌人也开始逐渐增多。这些人说致良知不过是枯禅，因为禅宗讲人人都是佛，佛就在心中，不应该去心外寻找，而这些都跟王阳明的心学有着异曲同工之妙。而另一伙敌人来自朱熹的学生，他们发誓此生都要与王阳明做生死斗争。

1521 年 8 月，王阳明在一片声讨之中回到浙江余姚讲学，并广纳门徒，使天下之人都知道了心学。这种行为让他在学术界的敌人甚为恼怒，在这些人眼中王阳明的心学简直就是荒谬的，王阳明如此广收学生简直是恬不知耻。在大明王朝的国土之上，上至政府位高权重的人，下至平民百姓，他的敌人遍地都是，而他的学生以及追随他的人也是浩如烟海。面对这样的情景，面对学术界的敌对，王阳明淡然处之，因为他相信自己的良知，而其他都不重要。

王阳明曾经和学生们一起讨论为什么自己学术上的敌人在平定了朱宸濠之后如雨后春笋般层出不穷。有的弟子说，这是因为先生所建立的军事奇功，所以招来了很多人的妒忌，因为这些妒忌而对先生产生恨意，所以才攻击先生。有的学生则说，因为先生的心学影响力越来越广，所以朱熹的那些门徒才会站起来反对全新的学术。更有学生说，因为先生拯救了大明王朝，根据辩证法，崇拜的人越多，反对的人也就越多。

王阳明听后说，大家说的都有道理，但是最根本的原因还是这些人没有发现良知的真正妙用。我确信只要按照良知所指引的去做，不

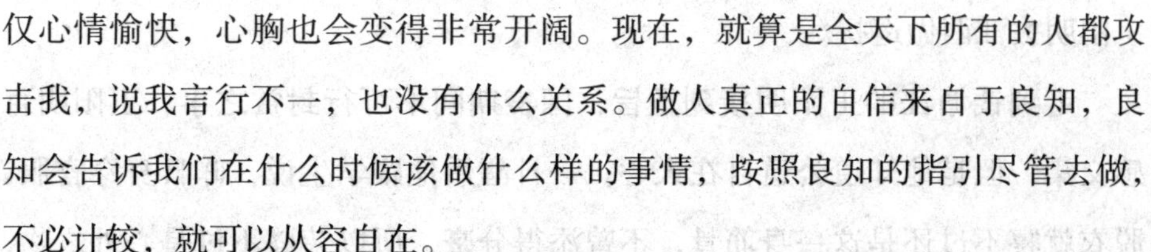

仅心情愉快，心胸也会变得非常开阔。现在，就算是全天下所有的人都攻击我，说我言行不一，也没有什么关系。做人真正的自信来自于良知，良知会告诉我们在什么时候该做什么样的事情，按照良知的指引尽管去做，不必计较，就可以从容自在。

1521 年，新皇帝朱厚熜正与内阁大臣杨廷和因为“大礼仪”事件而闹得不可开交。为了得到支持，皇帝下旨命令王阳明来京。接到圣旨的时候，王阳明正与学生们一起游山玩水。王阳明的仕途其实一直都是很不顺畅的，此时新皇帝让他入宫，他的心中起了波澜。他早已将荣辱得失看淡，但是国家需要自己的时候，又怎么可能推诿拒绝呢？他决定去北京，而学生们有的赞同，有的反对，因为此时如果王阳明去京城，杨廷和一人把持权利，如果王阳明站在皇帝一边，无疑是孤家寡人，而皇帝到底年纪尚小，未来如何不得而知。

还有学生提醒王阳明，杨廷和乃是朱熹的门徒，而纵观朝堂之上，全部都是朱熹的门徒，如果老师进京，必定遭到朱熹门徒的反对，无疑是进入了龙潭虎穴，尽管老师有良知，但是在江西讲学不是很好吗，何必去经历风浪呢？还有一些学生非常小心地问王阳明，难道老师有官瘾不成？

王阳明听后看着学生们回答道：“我曾经给大家讲过，仕途就像是一张大网，只要进入就难免被粘上，所以最好的办法是站在网的边上看。但是这不是说让你不作为，是让你懂得进网去做自己该做的，然后抛弃功名利禄尽快转身。如今皇帝需要我，我虽然能力有限，也应该去实现自己的价值。”

就如王阳明的学生所说，杨廷和是绝对不会让王阳明进京的，因为他深知王阳明不是一般的人物，如果此人进京，自己以后的日子不会好过。于是他去见皇帝，以大明朝的诸多法律条文阻止王阳明入京。皇帝毕竟年龄尚小，根本就不是杨廷和的对手，所以最终只得按照杨廷和的意思命令

王阳明去江西做巡抚。

走到钱塘江的王阳明接到圣旨，国丧期间不可行封赏之事，王阳明百感交集，但是他知道公道自在人心。一日醒后他跟学生说，昨日身穿官服，脱衣就寝不过还是这一身筋骨，不曾添得分毫，所以荣辱不过是心外之物，如心外无物，又有什么可值得迷惑呢？

知行合一，戒除臆想赢在实践

关于思考和实践的关系，王阳明曾经说过："知者行之始，行者知之成；圣学只一个功夫，知行不可分作两事。"这句话的意思是认识是实践的开始，实践是认识的完成。圣人的学问只有一个功夫，认识和实践不可以分开作两样事情。王阳明用哲人的眼光点出了"心"和"行"之间的联系。

致良知要和事实结合

吾儒养心，未尝离却事物，只顺其天则自然就是功夫。却要尽绝事物，把心看做幻相，渐入虚寂去了。与世间若无些子交涉，所以不可治天下。

——《传习录》

人心，就像玻璃瓶中的标本，有着血红色的容颜，有着清晰的纹路。然而如果将其终日浸泡在药液之中永远封存，那么这颗心就只能与世隔绝而百无一用。如果拿着它去辨识、比照和度量万物，那么这颗心就有了科学的使用价值。因此，一颗不经历练的心，只能泛着血红的色泽柔软脆弱，最终落得“孤芳自赏”的尴尬境地。只有心物结合，让世事磨砺那颗素心，才能打开通往成功之路的大门，踏上揭开生命真谛的圣道。

曾经有人问王阳明：“佛家总是讲求养心，但是这个理论却不能用来治理天下，这是为什么呢？”王阳明回答说：“吾儒养心，未尝离却事物，只顺其天则自然就是功夫。却要尽绝事物，把心看做幻相，渐入虚寂去了。与世间若无些子交涉，所以不可治天下。”这段话的意思是：佛家提倡的养心和儒家提倡的养心其实不是一回事，佛家的那个确实有点高端，高端到已经摆脱了尘世的境界，甚至要求断绝一切人间事物，把心当成了一种虚无的幻觉，自然就无法治理天下；而儒家的养心仍然要指向于某个具体事物并且始终顺应天理而为，是很现实的哲学思想，所以才能为现实而用。

王阳明其实给我们列出了一个很有意思的公式，那就是“心＋万物＝

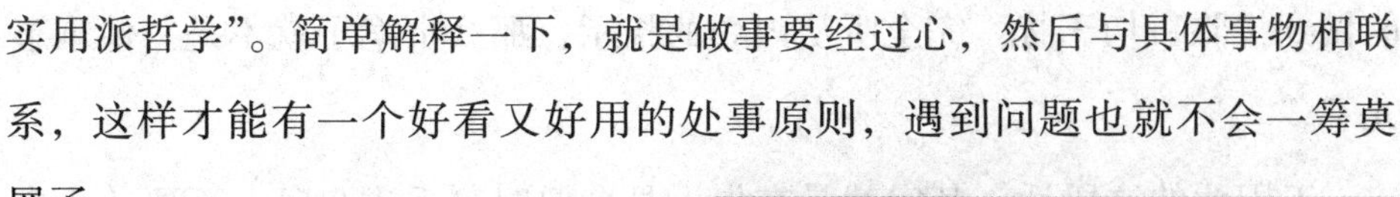

实用派哲学”。简单解释一下，就是做事要经过心，然后与具体事物相联系，这样才能有一个好看又好用的处事原则，遇到问题也就不会一筹莫展了。

有一个县令是王阳明的忠诚粉丝，每次大师讲课他都亲临现场洗耳恭听。不过有一次，这位粉丝对王阳明说：“先生你讲课讲得这么精彩，但是我平时公务繁忙，没有那么多时间消化你的讲义，这该如何是好呢？”

王阳明回答说：“我可没有让你不去处理公务而研究心学，这本身就是违背心学宗旨的。既然你说自己没时间研究心学，那就不如在处理公务的时候把心学和它联系在一起，这才是我讲的‘格物’。”这位县令听了之后还是茫然无措，于是大师就给他举例子：“打个比方，当你正在审案子的时候，不要因为当事人无理取闹就勃然大怒，不要因为当事人甜言蜜语就喜笑颜开，不要因为当事人托了关系就另眼看待，不要因为当事人哭哭啼啼就心生怜悯，不要因为别人栽赃陷害就信以为真——假如你在审案子的时候能做到排除一切干扰，完全听从内心的指示，那么审案子就不是一件难事儿了。”

王阳明的这段话，其实就是在告诉县令要时刻反省自己，不要让心中的偏私影响了其主观独立判断的能力。当这位县令真的能做到这一点时，就已经完成了传说中的“致良知”。所以，即使是像审案子这样的事，只要与内在的良知相结合，就是最好的心学实践例子。

王阳明虽然是一个喜欢静坐、喜欢思考、喜欢钻山洞的奇人，但是没有人说他脱离现实，也没有人说他腐朽、愚昧、呆头呆脑。因为王阳明和那种书呆子有着本质的差别。虽然后者也酷爱读书向往归隐生活，但是他们从来没有把心和物相结合，因此修炼的只是单纯的逻辑思维而已，无法学以致用。王阳明的高明之处就在于，他将万事万物结合在一起变成有实用价值的思想利器，其实这就是一种经由万物而致良知的思辨模式，也是心学和佛学之间的差别所在。心学强调了生命活泼的特殊体验，虽然这一点和佛家的修炼心法很是相似，但是佛家却不讲究让天理和事物相结合，而只是为了出世或者渡人渡己。相比之下，用出世的心态去做入世的事，就是心学最闪光的亮点所在。当然，这与

儒家倡导的“内圣外王”有着割舍不断的联系。

王阳明的一生通过对事物的深刻体验和思考真正领略到了“良知”的魅力，也摸索出了一条“致良知”的康庄大道。王阳明认为不讲学就会让圣学不明不白，所以必须用足够丰富的语言阐述清楚才能达到目的。于是，我们看到，王阳明成了大明王朝最风行的“自由媒体人”。他通过讲课、研讨、著书等多种文化传播方式，培养了一大批继承了他思想的精英人物。如果不是王阳明如此“学以致用”“知行合一”，他的心学恐怕传不了几天就会被束之高阁了。

空谈误事，实干兴业

若不用克己功夫，终日只是说话而已，天理终不自见，私欲亦终不自见。如人走路一般，走得一段，方认得一段。走到歧路时，有疑便问，问了又走，方渐能到得欲到之处。

——《传习录》

关于空谈和实干的辩证关系，王阳明曾经说过这么一段话："若不用克己功夫，终日只是说话而已，天理终不自见，私欲亦终不自见。如人走路一般，走得一段，方认得一段。走到歧路时，有疑便问，问了又走，方渐能到得欲到之处。"这段话的意思是：一个人如果不用克己功夫，只是说说而已，这样最终是看不到天理的，也不能认识私欲。好比人走路，走了一段才能认识一段，到十字路口时，有疑问就打听，打听了再走，这样才能慢慢地到达目的地。

获得成功的方法有很多种，然而不论是哪一种，即便是最简单、最投机取巧的成功之道，也无法在空想中实现。这是因为思想的力量只有在行动中才能发挥作用。为学如此，处世亦如此，要想收获成功，必须多实践，在身体力行上下工夫。

王阳明认为，如果没有下工夫克制私欲，每天只是说一说，最终就认识不到天理和私欲的区别。也就是说，光是空谈而不去实践，是无法克制自己的私欲、认识天理的，因此王阳明感叹："天下大乱，只因空谈多而实践少。”

世界上有两种人：一是实干家，一是空想家。空想家不管怎样努力，都无法完成那些自己应该完成或是可以完成的事情；而实干家虽然没有空想家那样富丽堂皇的说辞，却往往能获得成功。

实干家比空想家做得成功，是因为他们总是采取持久的、有目的的行动，而空想家很少着手行动，或是刚开始行动便很快懈怠。实干家具备有目的地改变生活的能力，能够完成非凡的事业，不论是开一间自己的公司，写作一本书，竞选政府官员，还是参加马拉松比赛等。与此形成鲜明对比的是，空想家大多只是站到平庸的一边。

战国时候，秦国派王龁攻下上党，意欲进攻长平。

赵孝成王听到消息，命廉颇率二十多万大军驻守长平。廉颇叫兵士们修筑堡垒，深挖壕沟，跟远来的秦军对峙，做好长期抵抗的准备。

王龁几次三番向赵军挑战，廉颇说什么也不跟他们交战。秦昭襄王请范雎出主意。范雎说：“要打败赵国，必须先叫赵国把廉颇调回去。”

过了几天，赵孝成王听到左右纷纷议论，说："秦国就是怕让年轻力强的赵括带兵。廉颇不中用，眼看就要投降啦！"

赵王听信了左右的议论，立刻把赵括找来，问他能不能打退秦军。赵括说："要是秦国派白起来，我还得考虑如何对付。如今来的是王龁，要是换上我，打败他不在话下。"

赵王听了很高兴，就拜赵括为大将，去接替廉颇。

蔺相如对赵王说："赵括只懂得读父亲的兵书，不会临阵应变，不能派他做大将。"可是赵王对蔺相如的劝告听不进去，一意孤行，让赵括带领二十万大军去接替廉颇。

王龁得到赵括替换廉颇的消息，知道自己的反间计成功，就秘密派白起为上将军去指挥秦军。白起一到长平，布置好埋伏，故意打了几场败仗。赵括不知是计，拼命追赶。白起把赵军引到预先埋伏好的地区，派出精兵二万五千人，切断赵军的后路；另派五千骑兵直冲赵军大营，把四十万赵军切成两段。

赵括的军队，内无粮草，外无救兵，士兵叫苦连天，无心作战。赵括带兵想冲出重围，秦军万箭齐发，把赵括射死了。四十万赵军，就在纸上谈兵的主帅赵括手里全军覆没了。

赵括是个空谈家，自以为读过兵书，谙熟兵法，但没有亲身经历过战争，书本在他头脑中构筑出虚无缥缈的军事楼阁，然而在真实的刀光剑影中不堪一击，赵括因“纸上谈兵”而被作为空想家的代表贻笑千古。

良好的理论很重要，但是理论若不经过实践的检验，就不可能转化为实际应用中有效的力量。无论是空谈者还是空想者，往往自以为有了知识就有了一切，这是极度错误的想法。

懒惰人生最要不得

懈怠的人，就像用来舂东西的杵，有二种事：一是不能自己支使自己，一天比一天使用损坏；二是不能自立，丢到地上就躺在地上，天长日久渐渐不能使用。

——《传习录》

王阳明说："懈怠的人，就像用来舂东西的杵，有二种事：一是不能自己支使自己，一天一天使用损坏；二是不能自立，丢到地上就躺在地上，天长日久渐渐不能使用。"在王阳明心中，他痛恨懒惰。中国的儒者常说"天道酬勤"，他们所谓的"勤"，不仅指勤于持家，还包括勤于治学，勤于修身、处事、立业等。孔子也要求他的学生勤勉地去做世上之事，即"敏于事"。《圣经》上说：勤勉的人常在君王左右。捷克教育家夸美纽斯极端鄙视懒惰，他称懒惰为"撒旦的蒲团"，认为当一个人饱食终日无所事事时，就会想入非非，进而做出不道德之事。因此，智者的任务就在于不让任何人懒惰。

王阳明强调的是，一个人，天生两只手，就是要做事的；生来一双脚，就是要走路的；甚至眼睛要看、耳朵要听、嘴巴要讲话，都是天赋于人的本能。如果不用，人不就成为废物了吗？

其实，懒惰与贫穷还是孪生兄弟。因为懒惰，所以贫穷；因为贫穷，因此容易懒惰，它们互为因果。所以，一个人要想改变命运、改变贫穷，

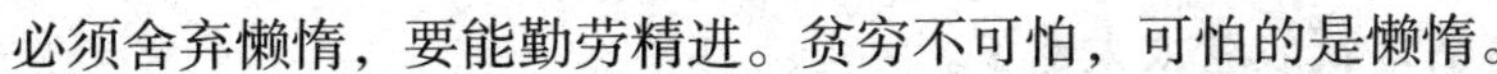
必须舍弃懒惰，要能勤劳精进。贫穷不可怕，可怕的是懒惰。

很久以前，在一个偏远的小镇上，有三个人坐在一个小旅店的外面。他们看见一个送葬的队伍经过，便让一个在小旅店工作的年轻人去打听打听是谁死了。

小伙子回来说：“是你们的老朋友，名叫‘成功’，他被一个看起来挺可爱的名叫‘懒惰’的贼悄悄地谋杀了。”三人中年龄最大的人转过身，对他的两个朋友说：“这个叫‘懒惰’的家伙到底是谁？为什么人们都讨厌他，他又为什么要谋杀人类？咱们一起去找‘懒惰’，然后把他干掉，免得他再害人。”于是，他们打算去找“懒惰”，终止他的罪行。

他们走进小旅店，向旅店老板打听到哪儿才能找到那个叫“懒惰”的家伙。老板说：“沿着这条路走5公里，有一个村庄。最近，那里流行一种瘟疫，男女老少都吃了睡，睡了吃，根本无心做事。我敢肯定，在那个倒霉的地方，你们一定能找到那个叫‘懒惰’的家伙。”

三个人朝那个村庄出发了，他们精神抖擞，情绪高昂。他们刚刚走了3公里就碰上了一个相貌丑陋的老太太。他们嘲笑那老太太的皱纹和她的缕缕灰发，还取笑她脏乱的衣服，尽管老太太神色惊慌，可是他们还是挡住她的路，不放她走。

“求求你们，给我让条路吧。”老太太哭泣道，“我告诉你们，‘懒惰’正在追缠着我，想杀死我，我必须逃掉，才能活下去。我不想死，赶快把路让开。”

“我们不会让开路的，”那个领头的人说，“快告诉我们到哪里才能找到那个叫‘懒惰’的家伙，他杀了我们的好朋友‘成功’，等我们找到他，我们一定要把他碎尸万段。”

那老太太说：“先生们，如果你们真想找到‘懒惰’的话，只要跑到那山顶上，看到一座红房子，你们就能找到它。”

三人听到这话，就放老太太走了。

他们跑上山走进那座红房子里，并没有发现“懒惰”，却发现那座红房子简直就是天堂。房子里面有精美的食物，有无数好玩的器具，有舒适的床铺，有漂亮的衣服，还有用不完的金钱。在这里什么都不用做，只有享不尽的荣华富贵。三个人开心地看着这一切，很快就把寻找“懒惰”的事忘得一干二净。

从此以后，三个人什么也不做，只是吃喝玩乐，尽情享受。渐渐地，他们身体长得肥胖了，精神变得颓废了。由于什么都不愿做，疾病也渐渐缠上了身，但他们谁也不愿放弃这种舒适的生活，他们每天和那个看起来挺可爱的“懒惰”成了形影不离的好朋友。

有一天，他们突然看到“死亡”正微笑着走来。

他们惊慌地想离开，而“懒惰”却紧紧地压迫着他们，不让他们动弹。就这样，三个人都被“死亡”带走了，和那个被“懒惰”杀死的“成功”埋在了一起。

看了这则寓言，你还认为懒惰是一种享受吗？其实，人多数是不懒惰的。你看，耳朵天生是要来听声音的，人们希望听得更远、更大声，发明了扩音机、广播机；眼睛天生是用来看世间万物的，但是人觉得不够，希望看得更远、看得更真，因此又发明了显微镜、望远镜；双脚天生应该是用来走路的，但人又希望能与时空竞赛，人们又发明了脚踏车、汽车等。

惰性是人的一种天性，不过惰性的表现往往只不过是你自己的一个念头，只要你能够把这个念头打消，那么懒惰也就会从你的身上逃走了。赶走了懒惰的你，就自然而然地会从动手改造自己开始，你的许多实践，你的许多行动，都会在你的勤劳中获得回报。一旦你学会了一项新的技能，那么你将可以利用这项新技能提高你的人生质量，而这一提高，将会使你感到在主宰着自己的人生。既然你已播下良种，又赶走了惰性，那么你就不可能没有良好的收获。

成功源于做切合实际的事

不知就自己心地良知良能上体认扩充，却去求知其所不知，求能其所不能，一味只是希高慕大，不知自己桀、纣心地，动辄要做尧、舜事业，如何做得？

——《传习录》

王阳明认为，后世的人们不知道从自心上去体察认识，进而扩大充实本身固有的良知良能，却偏要去谋求了解自己所不知道的，做自己没有能力做的事，一味地追求那些不切实际的东西，不知自己是桀、纣那样的心胸境界，却动辄要做尧、舜那般伟大的事业，这怎么做得到？

有一位年轻人，出生时由于早产，四肢不能动弹，直到13岁，在母亲持之不懈的关爱护理下，靠着母亲的搀扶他才能够站立起来，但由于长年未得到锻炼，双手已经严重畸形。

不幸的是，在年轻人17岁那年，父亲患病刚去世不久，他又因高烧无钱及时医治，导致再次瘫痪，双腿永远不能再站起来了。

也正是在这一年，这个只断断续续上过5年小学的年轻人，母亲为他报名参加了全国高等教育自学考试。

由于长期治病，年轻人家中早已一贫如洗，母子俩相依为命，每个月的经济来源只能靠母亲的退休养老金。

但就是在这样极度拮据的生活中，母亲还是挤出一部分钱来每年为儿子交自学考试的学费，并且花了660多元为他买了一套精装百科全书。

母亲退休前在一家客车集团公司上班。一天，一个以前的同事来看望母子二人，谈到厂里使用的涂料有一个很大的缺点，就是能导电的就不能防锈，能防锈的则不能导电。国内外许多技术员、工程师及科学家们为之进行科研攻关，伤透了脑筋，但就是研究不出既能导电又能防锈的新型涂料来。

母亲的那位同事也许没有想到，她的这番话就像一道闪电击中了年轻人的头脑，他顿时萌生了一个大胆的想法，我能不能研制出既能导电又能防锈的一种理想涂料来呢？

从此，母子二人简单而有规律的生活多了一项新内容，那就是做实验。一次次调整涂料的配方，一次次失败。

看到深夜还在灯下忘我钻研的儿子，母亲多想为儿子补充一点哪怕是一碗饺子的营养啊，但她实在没有过多的钱，只能抹一把心疼的眼泪，在心里暗暗地为儿子加油。

也不知失败了多少次，在母亲的全力支持下，年轻人经过四年的反复试验，终于发明了一种既能导电又能防锈还能防腐耐热的新型涂料，并获得了国家发明专利。

而这时的母亲也从儿子的发明中看到了自己的生存价值。

年轻人感慨地认为，正是由于母亲宽容的心怀以及那种超乎功利的态度，对自己绝对信任，才使他“只管耕耘，不问收获”地走到现在，取得了很多人不能取得的成就，在获得科研成果的同时，也领悟了生命的真谛。他在手记中写道：“如果谁像我一样用功，谁就会取得比我更大的成功。”

我们当然可以希望自己将来过上理想的生活，但更重要的是，我们现在就应该去做一些马上就能做，也一样快乐的事，让我们的心情达到最好的状态。

当你发现自己有好高骛远的倾向时，不妨试着将你的焦点从你希望获得什么移开，代之以思考现在你拥有哪些可贵的东西，以及你可以用它们来做哪些符合实际情况的事。

如果你觉察到自己正陷入愤怒、懊恼、抱怨当中时，记住不要挣扎着与人生的各种问题相对抗，而要放松身心，静静地回味一下自己现在拥有哪些以前没有注意但却十分宝贵的事物，例如青春、健康或生命等等，并对这一切心存感恩。

事实上，只要你不去一味追求那些不切实际的东西，而是把注意力集中到眼前你能做的事情上，你的心绪会更宁静，工作效率也会大幅度提升，也会更有洞察力，从而有可能获得更多美好的东西。

处理事情要"因病而药"

日间功夫觉纷扰，则静坐，觉懒看书，则且看书。是亦因病而药。

——《传习录》

何谓良药？专治一症而不偏的才称为良药。何谓良医？能用不同方法医治不向之人的才称为良医。问题不同，对应的解决方法也不同。王阳明曾经对弟子说："日间功夫觉纷扰，则静坐，觉懒看书，则且看书。是亦因病而药。"这段话的意思是说，在白天看书学习的时候，可能会受到外界噪音等因素的影响，不容易专心，所以不妨静坐；假设觉得自己懒得看书的话就去看书。这就是对症下药的道理。

"因病而药"，既是王阳明解决问题的方法和手段，也是他为人处世的一种哲学思想。说它是方法论，是因为王阳明遇事不盲目做决定，而是先把事情看准、看懂、看透，然后再选择合适的对策来解决；说它是哲学思想，是因为在王阳明看来，大千世界形色各异，到处都是让人眼花缭乱的事物，如果没有一双识别万物真面目的慧眼，心境就会经常处于"纷扰"的状态中，难成大事。王阳明之所以极力主张让人们内心"静下来"，其实就是让眼睛"亮起来"，分辨事物不同的本质，找到一针见血的解决方法。

华佗是东汉的名医，不论什么疑难杂症在他面前都能很快被攻克。一次，有一位名叫倪寻和李延的官吏同时头疼发热，于是一起去找华佗看病。华佗诊断病情之后，给倪寻开了泻药的方子，给李延开了发汗药的方子。

两个人感到很奇怪，问华佗为什么一样的病症却开出了不同的药。华佗解释说："倪寻的病是因为内伤引发的，而李延的病是由于外部受凉而引起的感冒。两个人的病因不一样，治疗的方法也不一样。"后来，他们二人回去后按照药方服药，结果第二天都痊愈了。

神医华佗之所以能治好病，就在于他能够摸清病人身体有恙的症结所在，不被表面的现象所迷惑，因此才能迅速区分差别将病人治好。如果把"对症下药"这四个字用在生活中，就是敦促人们在遇到问题时必须把握住两个步骤：一是找准问题的关键，分清楚主次矛盾；二是遇到问题要采取合理的措施，要有针对性和适用性。

孔子的学生子路曾经问他："听说一个很好的主张，是不是应该立即去做呢?"孔子回答："如果家里有父亲和兄长，应该先向他们请教，怎么能马上去做呢?"后来，学生冉有也如此问，孔子回答说："听到了就应该马上去做。"

学生公西华目睹此景，十分疑惑地问孔子："您为什么给他们两个

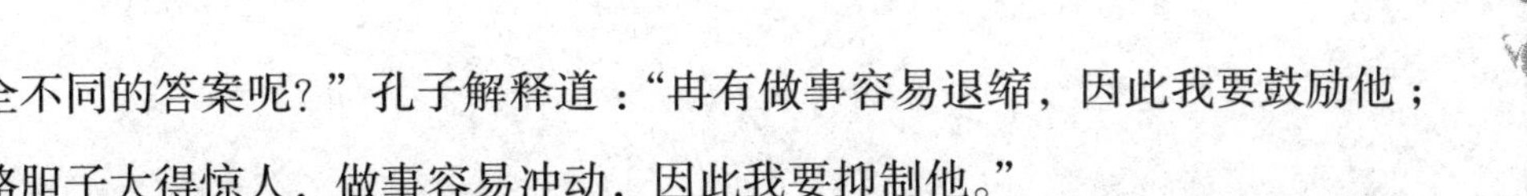

完全不同的答案呢？”孔子解释道：“冉有做事容易退缩，因此我要鼓励他；子路胆子大得惊人，做事容易冲动，因此我要抑制他。”

孔圣人一直倡导因材施教，其实就是用对症下药的方法对学生进行教育，于是在他的三千弟子当中涌现出了七十二位贤人。王阳明也是桃李满天下，他善于从不同的学生身上发现其独特的人格魅力，并坚定地认为每一个学生都可以被教导成为圣人。其实，对症下药恰恰印证了心学的最精妙之处，它将甄别每一颗心的不同当作了重要而神圣的命题。王阳明的一生中，曾经多次强调让大家倾听心声，就是为了让大家从社会大染缸之中寻找到属于自己的颜色，找到适合自身成长和发展的人生路线图。也只有在相似中寻找不同，我们才能获得最真切的感悟和最丰厚的人生业绩，这就是王阳明所倡导的做事情要“对症下药”。

实际上，要做到对症下药并不难，只要深入实际，做好调查研究，充分掌握第一手资料，便会很容易发现问题的本质。很多时候，我们之所以抱怨自己很迷茫很困惑，看不到未来的方向，是因为生活中的万物万事都被这个吞噬力极强的世界同化了外壳。它们的本质并没有发生多大的改变，所以只要经过仔细的观察，即使是双胞胎也能发现他们的细微之差。问题的关键仅仅在于你能否真的静下心，不被急促的呼吸和混乱的思路困扰，这才能提高解决问题的能力。

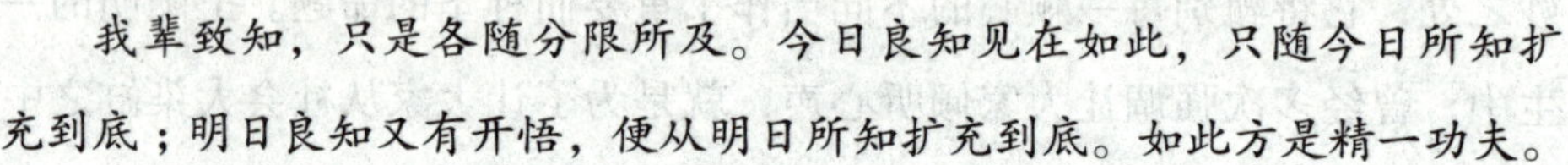

让小事情成就大事业

我辈致知，只是各随分限所及。今日良知见在如此，只随今日所知扩充到底；明日良知又有开悟，便从明日所知扩充到底。如此方是精一功夫。

——《传习录》

《老子》曰："九层之台，起于累土。"一座坚不可摧的城堡，是由一粒粒泥沙堆积而成的，人生也是如此。漫漫人生路，是一步一个脚印走出来的。可是，很多人因为太过专注于长远规划和宏伟目标，而忽视了眼前的小事，不懂得一点一滴的积累，最后只能望着遥不可及的目标而兴叹。

王阳明曾经说过："我辈致知，只是各随分限所及。今日良知见在如此，只随今日所知扩充到底；明日良知又有开悟，便从明日所知扩充到底。如此方是精一功夫。"这句话的意思是：人探索世界的秘密，只是八仙过海各显神通而已，今日探索到了一小步，就只能根据今日的理解将其延伸到底，而到了明天的时候，人的内心又产生了新的体验和感悟，那就继续从明天理解的程度再次延伸。只有遵循这种思考的方式，人才能真正地研究好一件事。

王阳明说这句话是为了告诫他的弟子做大事要从小事做起，注重积累。这与"一屋不扫，何以扫天下"的历史典故有异曲同工之妙。

东汉名士陈蕃十五岁的时候，独住一处不愿打扫卫生，屋子又脏又乱。有一天，他父亲的朋友来看他，对他说："你怎么不打扫屋子来迎接客人？"

陈蕃说："大丈夫处世，应该打理天下大事，怎么能够打扫一间屋子呢？"父亲的朋友听后气愤地说："你连自己的屋子都不打扫，如何实现'扫天下'的理想呢？"

陈蕃被问得哑口无言。从此以后，他从小事做起，注重积累，最终成为东汉末期的名臣。

王阳明的这句话告诉我们一个道理：每个人的能力有大有小，有些事情我们暂时做不了，而别人做起来却非常容易，这时我们不必羡慕别人而望着自己的宏伟目标哀叹。我们需要做的是，把宏伟目标不断分割，直到分割成今天我们可以做的小事，然后从小事做起，一天一天地积累，那么宏伟目标就会离你越来越近。

山底下有一条小河，河里有一只青蛙，青蛙想看看传说中的大海是什么样子，于是它就问见识广博的苍鹰。

苍鹰说："这很容易啊，你爬上这座山顶就可以看见大海，我每天都能看到。"

青蛙看了看高耸入云的山头，叹了口气说："这山太高了，你有翅膀而我没有，我上不去。"

苍鹰说："没有翅膀也可以上山啊，你看看人家小鹿。"

青蛙说："鹿的腿那么长，而我的腿这么短，它跳一次我得跳好几次。"

苍鹰想了想，除此之外也没有别的办法了，就飞走了。

青蛙看着苍鹰在天空翱翔的身影，羡慕不已，再看看自己，不禁叹息起来。

这时来了一只小松鼠，它问青蛙为什么叹气。青蛙说："我想到山顶看大海，可是我没有苍鹰的翅膀，也没有小鹿的长腿。唉，我是无法看到大海了。"

"你能跳上这个石阶吗？"小松鼠说完就跳上了一个石阶。

青蛙说："这有什么难。"说完，它也跟着跳了上去。

小松鼠说："通往山顶的路就是由这样的石阶组成的，你能跳上这个石阶也就能跳上别的石阶，只要你一级级石阶地跳下去，总有跳到山顶的那一天。如果你只是在羡慕别人中感叹自己，那你永远也无法看到大海。"

从此，青蛙跟着松鼠跳石阶，累了就在山路上歇会儿，渴了就喝草丛

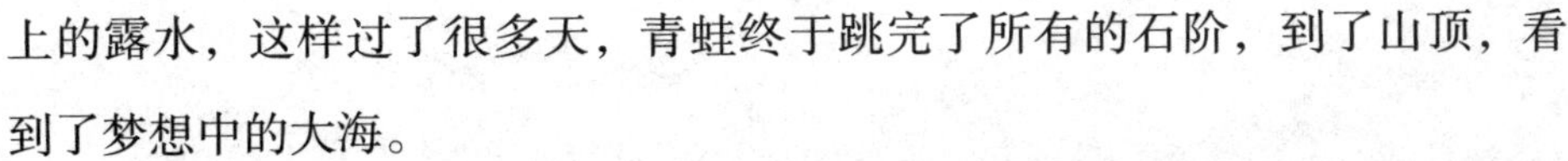

上的露水，这样过了很多天，青蛙终于跳完了所有的石阶，到了山顶，看到了梦想中的大海。

这时候，苍鹰飞过来，很惊讶地问：“青蛙，你是如何到达山顶的？”

青蛙说：“你让我爬到山顶，我做不到。小松鼠教我跳石阶，这却是我能做到的。”

青蛙想看看大海的样子，苍鹰告诉它只要爬上山顶就能看到，可是在青蛙看来，这座山是它跨不过去的一道坎儿。小松鼠把这座山划分成了一级级石阶，它引导青蛙跳石阶，等石阶跳完了，青蛙也爬上了山顶。由此可见，实现梦想，必须从小事做起。从小事做起是一种良好的心态，它要求我们不好高骛远，只要人生的道路上每天进步一点点，时间久了，回过头来看看，你已经走上了一条康庄大道。

王阳明的话告诉我们，不要把那些看似不起眼的事情当做一粒浮尘，因为这粒浮尘中很可能会蕴藏着很深的哲理和技巧。

先决断，然后去行动

知是行的主意，行是知的功夫；知是行之始，行是知之成。

——《传习录》

一个人只要有了想法，有了决断，就要去切切实实地行动。

只有行动才能让想法成为现实，也只有行动才是实现理想的保证。

谁都知道王阳明是一代军事家，他指挥的战役无不是攻无不克，战无不胜。在南赣剿匪期间，池仲容是诸多土匪中最难对付的一个，王阳明对待如此厉害的山贼，一边明察暗访，一边招降，一边大胆作出决断，最终将他打败。池仲安按照池仲容的吩咐带着二百名老弱残兵前去投降，王阳明看到这些士兵后，便知道这乃是池仲容的缓兵之计，于是乎他让这帮人当起了民工，在衡水建设兵营。1517 年 10 月下旬，池仲安在横水想要打探王阳明各种消息的目的彻底失败。就在这个时候，王阳明命令他带着自己的老弱残兵跟着部队去攻打桶冈。池仲安欣然同意，他以为这样就可以将了解到的情报送出去。可是他又一次错了，因为他去的前线不过是整个战场中最无关紧要的地方，想要送情报根本不可能。

打下桶冈后，王阳明派人暗地向那些受到池仲容骚扰过的地方绅士询问情况，这些地方绅士纷纷表示，池仲容只能剿灭，根本不能招抚，因为此人是这南赣实力最强的土匪，他绝不会相信投降之后会有好下场。王阳明并不希望看到两军对垒、血流成河的情景，但是他也明白，像池仲容这

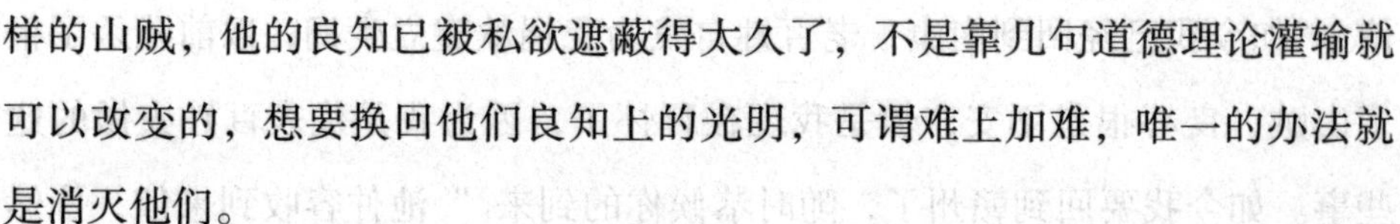

样的山贼，他的良知已被私欲遮蔽得太久了，不是靠几句道德理论灌输就可以改变的，想要换回他们良知上的光明，可谓难上加难，唯一的办法就是消灭他们。

池仲容不希望自己与王阳明在战场上相见，他之所以派出自己的弟弟去投降，只不过是想探听虚实罢了。他想，只要他池仲容不出去，王阳明的粮食消耗尽了，自然就会退兵。他这缓兵之计就是为了将王阳明的部队拖垮。但是等王阳明纷纷将各个山头的土匪剿灭时，他再也沉不住气了，开始在山寨之中备战。王阳明心里十分明白，怎肯让他如此拖延，于是让他的弟弟池仲安拉上几车酒肉立马去山寨，并对池仲安说，你哥哥既然要投降，何必备战呢？

池仲容心中其实早就想好了如何回答王阳明的这个问题，那就是他之所以备战是为了防范卢珂，他与卢珂早就有矛盾，他怕卢珂借此机会对他不利。王阳明其实在攻克了桶冈之后就命令卢珂的部队回到龙川，而且还将自己的精锐部队分成几个部分慢慢向池仲容的山寨靠近。王阳明想用由远及近的战略来最后攻克池仲容。

王阳明听到池仲容的解释之后回信说，如果卢珂真的如此，那他真是贼心不死，我定要严办。说到做到的王阳明立刻派了一支部队来到池仲容的山寨之下，说要开辟一条路去龙川。这个决定让池仲容惊慌失措，因为如果开辟此路，就要从他的地盘经过，那时候王阳明趁机向他发起突击，后果可就无法想象了。随即他回信表示自己的部队虽是杂牌军，但是对抗卢珂也是绰绰有余，但是现在卢珂是代表官府，所以不知道他的行为是代表官府还是个人呢？

王阳明回信告诉池仲容，既然已经说好了投降，何必疑神疑鬼呢？我现在就回到赣州，请你来赣州商谈投降的事情。池仲容不回信，静观其变。而王阳明则在1517年12月9日从前线撤兵回到了南康，然后给池仲容写

信：“如今我已经回到南康，老百姓自发为我捐款建立生祠，以前我杀了很多山贼，良心很是不安，但是我现在释怀了，因为我是代表百姓去做的这些事。如今我要回到赣州了，随时恭候你的到来。”池仲容收到来信，依然不回信表态。

其实王阳明根本无需等待回信，因为卢珂回到南康早就向他做了详细汇报，并判断此人必反。王阳明听后却微笑着说，他根本就没有归顺，何来反呢？卢珂提醒王阳明做好准备，但是王阳明微笑着回答：“做何准备？他不敢出山，做各种备战，无非就是让我不敢去攻打他，那我就做给他看看。”卢珂知道王阳明用兵如神，所以没再多说什么。

1517 年 12 月 20 日，王阳明带领部队回到南赣之后宣布休兵，然后让士兵回家种地，而外地的士兵全部自由活动。接着，王阳明再次给池仲容写信道：“南赣所有的土匪都已经清除了，他们说你的势力最大，我告诉他们你已经投降了，只不过还没有正式举行受降仪式。如今我已经把部队解散，并且备好了酒菜，欢迎你来赣州城里，不知道你什么时候来？”这样几番斗智斗勇之后，池仲容最终被王阳明打败。

孝顺父母关键在行动

就如某人知孝，某人知弟，必是此人已曾行孝行悌，方可称他知孝知悌。

——《传习录》

在生活中常有人会说：等以后长大了，让父母吃好住好；等以后我有钱了，会让父母过好日子；等以后我有能力了，再给他们需要的；等以后，我事业发达了再让他们风光……其实，孝顺父母何必要等“以后”呢？尽孝不要等到我们拥有足够的荣光之时，人的一生难免有很多缺憾，其中最大的可能莫过于“子欲养而亲不待”。当有一天我们蓦然发现，父母已两鬓斑白，此时才孝敬他们，我们会错过无数时机。甚至当双亲已离你远去，才翻然悔悟，却已尽孝无门，这将成为永远无法弥补的憾事。

王阳明认为，致良知必须要讲孝道。母亲早逝，他没能奉养；祖母去世时，未及一见。对此，王阳明深感伤痛并一直自责于心。

王阳明主张知行合一，强调孝也要知行合一：“就如某人知孝，某人知弟，必是此人已曾行孝行悌，方可称他知孝知悌。”他强调孝要及时行动，将知和行紧密结合起来。孝，经不起等待。父母生时如果不奉养，死后万事皆空。

春秋时，孔子和弟子们出去游玩，忽然听到路边有人在啼哭，就上前去看怎么回事，啼哭的人叫皋鱼，皋鱼解释了他啼哭的原因：“我年轻时好学上进，为了求学曾经游历各国，等我回来时父母却已经双双故去。作为儿子，当初父母需要侍奉的时候我却不在身边，这好像‘树欲静而风不止’；如今我想要侍奉父母，父母却已经不在了。父母虽然已经亡故，但他们的恩情难忘，想到这些，内心悲痛，所以痛哭。”

很多人总在说，等到有钱和时间了，一定要好好孝敬父母。子女可以等待，但父母不能等待。在不经意间，父母渐渐变老。花点时间多陪陪父母，父母们没有太多的要求，只是想多让你陪陪。否则当你挚爱的亲人离你而去，你在脑海中回想他们以往对你如何嘘寒问暖、呵护备至，你却只顾着打拼自我天地，忽略了关爱他们，让他们在守望你的寂寞中落寞而去，你的悔、你的痛，会成为你一生最深刻的烙印，任岁月无情也抹杀不去。

北魏时，房景伯担任清河郡太守。一天，有个老妇人到官府控告儿子不孝，回家后，房景伯跟母亲崔氏谈起这事，并说准备对那个不孝子治罪。崔氏是一个知书达理、颇有头脑的人，她得知情况后，说道：“普通人家子弟没有受过教育，不知孝道，不必过分责怪他们，这事就交给我来处理好了。”

第二天，崔氏派人将老妇人和儿子接到家里，崔氏对不孝子一句责备的话也没说。崔氏每天同老妇人同床睡眠，一同进餐，让不孝子站在堂下，观看房景伯是怎样侍候两位老人的。不到十天，不孝子羞愧难当，承认自己错了，请求与母亲一起回家。崔氏背后对房景伯说：“这人虽然表面上感到羞愧，内心并没有真正悔改，姑且再让他住些日子。”

又过了二十几天，不孝子为房景伯的孝顺深深打动，真正有了悔改的诚意，不断向崔氏磕头，答应一定痛改前非，老妇人也替儿子说情，这时崔氏才同意他们母子回家。后来这个不孝子果然成了乡里远近闻名的孝子。

崔氏很聪明，她相信每个人心中都有孝心。她无所为而为，以身教代替言传，让他心中蛰伏的孝心能在外面的触动之下得以彰显。

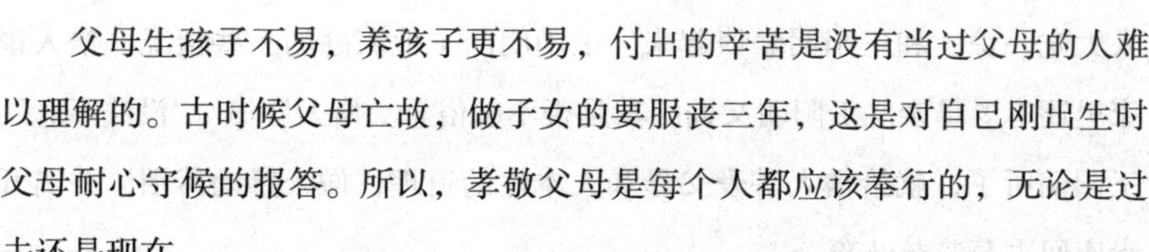

父母生孩子不易，养孩子更不易，付出的辛苦是没有当过父母的人难以理解的。古时候父母亡故，做子女的要服丧三年，这是对自己刚出生时父母耐心守候的报答。所以，孝敬父母是每个人都应该奉行的，无论是过去还是现在。

中国有首名为《劝孝歌》的古诗："人不孝其亲，不如禽与兽。"语言虽然很直白，但是却有丰富的内涵，一个人不论他出身于什么样的家庭，也不论他将来的地位有多大的变化，只要他的父母还健在，那么他就有尽孝道的义务，这也是人之所以为人的根本。试想一下，我们的父母养育我们多年，如果等到老了却享受不到应有的亲情，会多么寒心。

其实，王阳明就是一个至孝之人。

王阳明三十二岁的时候，因病移居西湖，往来于南屏、虎跑寺庙，见一僧人封闭于龛内打坐、诵经、念佛有三年之久，也不说话，像呆了一样。一日，王阳明就朝僧人大喊起来，僧

人大吃一惊，和王阳明攀谈起来。王阳明问了他家庭的一些情况，僧人说家里还有老母亲。王阳明又询问其是否不起俗念。僧人答曰："没法不念"。王阳明听了，就给僧人讲爱父母和人本性的道理，僧人感动落泪，并离开寺庙回去奉养老母亲。

无论何时何地，无论贫穷富有，孝由心生，不由外物。《孝经》云："用天之道，分地之利，谨身节用，以养父母，此庶人之孝也。故自天子至于庶人，孝无终始，而患不及者，未之有也。"

在王阳明看来，良知一开始便蕴涵着情感之维："良知只是个是非之心，是非只是个好恶，只好恶就尽了是非，只是非就尽了万事万变。"良知的好恶情感形成了行善的动因。当学生徐爱问王阳明如何通过服侍父母等孝道而求得孝的道理时，王阳明认为关键出自忠诚的孝心。只有出自真心，行为才具有真实性，光是一点行孝的表面文章，而不把爱树立起来，那就不是真孝。

立命之本是把握当下

你私意萌时，知便是你的命根，当下即去消磨，便是立命功夫。

——《传习录》

有修为的法师，在读书冥想之前，要先吃粥饭才能有力气悟道求索；功力深厚的画师，在挥毫泼墨之前，要先研磨铺纸才能画出惊世的作品。无论有多么高远的志向摆在前方，当下的点滴小事却是通往康庄大道的必经之路。一碗粥，一盒墨，便是人生修为的始发站，没有这眼前事的成就，人便不会有立命安身的根基，所谓梦想更是无从谈起。

曾经有朋友问王阳明："私意萌时，分明自心知得，只是不能使他即去。"意思是：在他内心有了私心杂念的时候，心里虽然能够意识到，可总是不能将这些私欲去除。

听了朋友的话，王阳明对他说："你私意萌时，知便是你的命根，当下即去消磨，便是立命功夫。"这句话的意思是：私心杂念刚开始萌动的时候，恰恰是彻底革除之良机，而当下就能立刻把这种私欲消除，这才是人生立命的真功夫。朋友意识到了私心杂念的存在，可是他却没有展开行动去消灭它。王阳明就告诫他，做事情要知行合一，既已经有了这个想法，那么就要立刻去执行，把握当下才是立命之本。

大珠慧海禅师是唐代著名的高僧。有一次，有源禅师向他请教："像您这样德高望重的人，也需要用功参禅吗？"

禅师回答说："当然要了。"

有源禅师又问："那么您是怎样用功的呢？"

大珠慧海禅师回答说："饿了就去吃饭，困了就去睡觉。"

有源禅师听了之后大惑不解："如您所说，那么天下的人不是都和禅师一样用功了吗？"

然而禅师却摇摇头说："这当然是不一样的了。"

有源禅师不理解问："还不都是吃饭睡觉，有什么区别吗？"

禅师笑着回答说："普通人吃饭的时候不好好吃饭，脑子里总是在想其他的事情，在睡觉的时候也是思量再三；而我吃饭的时候就是为了满足食欲，睡觉的时候就是让自己充分休息，差异就在这里。"

"把握当下"恰恰也是王阳明毕生的实践法则。王阳明看书的时候，脑子里就只有一个念头：把它吃透。如果是阅读儒家经典，就要搞清它们的精髓所在，从中寻找安邦定国的道理和法则；如果是研究军事著作，王阳明就努力弄懂如何制定出有效的克敌策略，能够把大明王朝那每况愈下的治安状况扭转。不仅读书如此，当王阳明惹怒了刘瑾被扔进大牢之后，在阴暗潮湿的监狱里，他所思考的不是如何继续拯救国家和匡扶正义，而是忍受着身体和精神上的折磨，把狱卒送来的馊馒头一口一口地吃进肚子里。对于那个时候的他来说，保命才是最重要的。而这段不堪回首的经历，其实也印证了心学的一个法则：专心。不管饭菜的质量如何，当下应该做的就是吃下去，吃下去才能活下去，活下去才能有机会去实现自己的抱负。把握当下才是立命之本，做好了眼前事，就是最大的成功。

当然，珍视当下并不意味着放弃未来，正是因为珍视当下才可能赢得一个美好的未来。烦心的事情很多，于是总有人自叹是操心命、张罗命、忙碌命，感觉未来的生活是那么缥缈，觉得压力太大难以承受，却忘记了刚刚实现的一个小愿望或者成功做完的一件小事。其实，成功无所谓远近大小，只要能否满足你此刻的内心欲求，就是一种当下的圆满。

在行动中修正自己的想法

胸之心志需实行，而实行革心意，然后大成于世。

——《传习录》

一个人有了想法，还要去行动。任何事情想要成功，都必须付诸行动，不行动就无法修正要走的路，所谓实践出真知。有再出色的能力，有再丰富的知识，不行动也无法实现人生的价值。

王阳明告诉学生，如果你想知道西红柿的味道，那就必须去亲自品尝才能知道。其实这就是所说的实践出真知的道理。王阳明从小开始就是一个善于行动的人。1489 年他带着新婚一年的妻子回老家的路上拜访娄谅，娄谅告诉他一草一木都有道理，必须格才能知道，于是王阳明便开始格竹子，一连七天七夜，结果自己就格出了幻觉，还有幻听。他仿佛听到竹子在埋怨他："我的道理是如此的简单，你怎么就不能格出来呢？"

王阳明听后十分懊丧，他想要告诉竹子自己的难处，但是却听到园中的竹子开始哄堂大笑，它们的笑声好像是在取笑他，而且带着明显的挑衅，王阳明真的发怒了，他用尽力气大喊，你们根本就没有道理，我从何格出来。但是他不知道这些话他根本就没有喊出来，他的体力早已经透支，最后双眼发黑倒在了地上。几日之后，他的身体稍微恢复了一些，当他走进园子中，再次看到那些竹子的时候，开始反省自己，也就是从那时候开始怀疑朱熹的"格物致知"其实是存在问题的。

后来他找到跟他一起格竹子的同学，告诉他，朱熹的“格物致知”很可能是错误的，结果那位仁兄听后立刻惊诧地说王阳明肯定是走火入魔了，朱熹的理学是当时科考的课本，怎么可能错了呢。但是王阳明经过冷静分析后却说：“不要说我们没有格出竹子之中的道理，就算是格出来了又如何呢？朱熹说，一草一木都有道理，按照这道理去格，就算是格到死，也看不到圣贤的一个影子。想想格竹子都这么难，何况天下万物呢？况且就算是我们格出了竹子当中的道理，如果那个道理我们都不认可，那又该如何呢？是把它丢掉，还是要违心地承认这道理呢？”

他的那位同学听后，感觉王阳明的话太惊世骇俗了，觉得王阳明不能格出竹子中的道理就说朱熹的理学是错误的，根本就是无稽之谈，这只不过是说明他们自己没有这个天分罢了，无论如何朱熹的理论都是没有任何差错的。王阳明听后只得叹息地说：“我真希望你说的对，但是不管我有没有天分，都不能通过朱熹这条路成为圣贤，这对我来说，就是死路一条。”在经历了格竹子事件之后，王阳明陷入一种彷徨的痛苦之中，再也没有了以前对朱熹理学的那种狂热，而是经过一段时间之后，他便开始将方向转向别处，这就是王阳明，此路不通，另寻他路，他绝不会在一条路上走到黑。接下来王阳明开始参加科考，1492 年乡试，他以优异的成绩金榜题名，但是到了 1493 年的北京会试却名落孙山。尽管他那时候的心情有些沉重，但是却没有一丁点的哀伤，因为他已经将心思放在了道家养生和佛学的思想之中，他心中想到的是朱熹理学既然没有什么诀窍，那就另辟蹊径在道教与佛教之中寻找成为圣人的光明道路。

一年的时间，他将所有的心思都放在道教与佛教之中，但是此路在会试失败后便结束了。他又开始钻研诗歌文章，想通过辞章为天下万民立心，留下千古之言。这种钻研不带任何功利，是十分虔诚的，他日夜苦读，甚至将身体都搞垮了，他父亲不得不每晚强迫他去休息。到了 1494 年，他离开北京回到老家浙江余姚，组织了龙泉诗社，每天与诗词文章打交道，发誓要通过此路成为圣人。后来王阳明得知浙江余姚有一位奇人名叫许璋，于是便去拜访，此人以前也琢磨不透朱熹的理学真谛，所以抛弃之后改学军事和奇幻法术。等两个人见面，许璋听说王阳明想要通过辞章立业，摇头告诉他，辞章不过是小计，想要成为圣贤需要建功立业。从此王阳明便丢弃辞章的研究，开始一心一意地学习兵法，而许璋也将毕生所学的兵法毫无保留地传授给了他。1495 年，回到京城的王阳明虽然准备第二次会试，但是心思依然全部在军事的钻研之上，这也导致了他第二次会试失败。到了 1498 年，已经二十六岁的王阳明再次回到了朱熹的理学门下。这时候已经距他格竹子过去了六年之久，距拜访娄谅过去了九年之久。或许上天眷顾他吧，在一次不经意翻看理学典籍的时候，他看到了朱熹的一封信，信中说："虔诚的坚持唯一志向，是读书之本，循序渐进，是读书的方法。"王阳明从此才领悟到志向需要坚持，不可以在各个领域之间跳来跳去，学问需要循序渐进地去研究。从此他又一次开始了对朱熹理学"格物致知"的认真钻研。

第十辑

乐由心生，享受生命带来的喜悦

在王阳明看来，“乐是心之本体。”真正的快乐，不是狂喜，亦不是苦痛，它是你的心境。永远保持一颗快乐的心，那么你就是快乐的。做不了圣贤，我们可以做一个普通的人，享受生命一刹那的喜悦。

做一个真正快乐的人

乐是心之本体，虽不同于七情之乐，而亦不外于七情之乐。虽则圣贤别有真乐，而亦常人之所同有，但常人有之而不自知，反自求许多忧苦，自加迷弃。虽在忧苦迷弃之中，而此乐又未尝不存，但一念开明，反身而诚，则即此而在矣。

——《传习录》

什么是真正的快乐？有人说，圣人的快乐才是真正的快乐。那么，圣人的快乐是否与普通人的快乐一样呢？如果二者一样，普通人满足了自己一时的欲望感到快乐，为什么还要做圣人？如果二者不一样，那么当圣人遇到人生中的大灾大难的时候，圣人的快乐还能继续存在吗？更何况圣人的修炼讲求“戒慎恐惧”，在没人的情况下都要常怀戒惧，那么圣人还能快乐吗？

上面这一连串的问号难倒了不少人，不过这却难不倒王阳明。他是这样回答的：“乐是心之本体，虽不同于七情之乐，而亦不外于七情之乐。虽则圣贤别有真乐，而亦常人之所同有，但常人有之而不自知，反自求许多忧苦，自加迷弃。虽在忧苦迷弃之中，而此乐又未尝不存，但一念开明，反身而诚，则即此而在矣。”这段话的意思是：快乐是心的本体，虽与普通人的七情六欲中的快乐不一样，但是也不在七情六欲之外。圣人虽然有真正的快乐，但是这也是普通人所共有的。但是常人拥有快乐却不自知，反

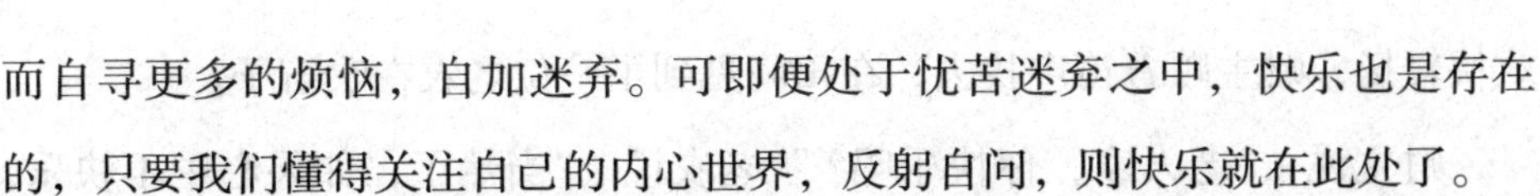

而自寻更多的烦恼，自加迷弃。可即便处于忧苦迷弃之中，快乐也是存在的，只要我们懂得关注自己的内心世界，反躬自问，则快乐就在此处了。

王阳明的这段话说明了一个道理：每个人的身上都有快乐，快乐就在你的心中。但是，悲哀的是很多人视而不见，反而到内心之外的世界去苦苦寻找，不仅找不到，还会使自己产生烦躁苦闷的心情。也有一些人，本来已经发现了内心中的快乐，然而他们经受不住外界的诱惑，糊里糊涂地就舍弃了这种快乐，从此以后生活在了烦恼之中。

从前有一个财主，家里有许多金银珠宝，他每天都担心这些金银珠宝被别人偷去，因此饭也吃不好，觉也睡不着，每天活得很累，他感觉自己不快乐。

后来，有人给他开了一个药方：要想获得快乐，就要去找一件快乐的人穿的衬衣，穿上这件衬衣后，快乐就能进入财主的体内，这样他就会快乐了。于是，财主决定出去寻找这件快乐的衬衣。他怕家里的金银珠宝被别人偷去，就全都带在了身上。

就这样，财主每天背着金银珠宝到处寻找快乐的衬衣，却一无所获，他自己也累得骨瘦如柴。一天，从前方飘来了一阵悠扬悦耳的笛声，笛声

欢快轻扬，财主顺着笛声找去，在田间见到了一位老农在吹笛子。

财主说："老人家，你快乐吗？"老农说："当然了，如果心中不快乐，怎么能吹出这么快乐的笛声呢？"

财主羡慕地说："我很羡慕你的快乐，我愿意用我背上的金银珠宝换取你的一件衬衣。"老农听了这话，又看了看财主背上的金银珠宝，顿时脸上的快乐消失不见了，他哭丧着脸说："唉！我要是有件衬衣就好了。可恶的地主，我辛辛苦苦给他种地，到头来却连一件衬衣都买不起。"

每个人的心中都有快乐，财主却视而不见，反而到内心之外的世界去苦苦地寻找，不但寻找不到，还被身上的金银珠宝累得瘦骨嶙峋。老农的快乐倒是发自内心的快乐，然而他却没有意识到，也不珍惜，被财主的金银珠宝所诱惑，竟然糊里糊涂地舍弃掉了。圣人与常人的差别在于，他们能够反省自身，从自己的内心中发现属于自己的快乐，而常人却做不到这一点，即便偶然做到了，也会很容易舍弃，因为他们经受不住凡世的诱惑。

王阳明之所以被称为圣贤，是因为他能够发现内心的快乐，并时刻保持着这份快乐。尽管在官场上连遭不幸，王阳明却能在蛮荒之地一日悟道，领悟心学的真谛。从此以后，王阳明沉浸心学研究和推广的工作中，并且乐此不疲。普通人可能理解不了圣人的快乐，然而，王阳明知道，这就是他的快乐。无论在繁华的京城，还是在荒无人烟的地方，只要心不变，这份快乐就长久存在。

生活总可以浪漫一些

会稽素号山水之区。深林长谷，信步皆是，寒暑晦明，无时不宜，安居饱食，尘嚣无扰，良朋四集，道义日新，优哉游哉！天地之间宁复有乐于是者？

——《传习录》

柏拉图曾经说过：“如果你有两块面包，你当用其中一块去换一朵水仙花。”如果我们把生活看成是一幅美丽的图画，那么每一次微笑就是画中勾勒出的最美线条；如果我们把生活当成是一首动听的旋律，那么每一次微笑就是其中连绵不断的音符。生活需要微笑，我们对生活微笑，生活也会对我们微笑。生活更需要诗意，只有用洒脱、傲然、浪漫的情怀去写完人生这么长的一首诗歌，我们才能将所有苦难化成饱含深情的文字。

王阳明曾经在讲学时不无感慨地对弟子们说：“会稽素号山水之区。深林长谷，信步皆是，寒暑晦明，无时不宜，安居饱食，尘嚣无扰，良朋四集，道义日新，优哉游哉！天地之间宁复有乐于是者？”这句话的意思是，像在会稽这样有山有水的地方，风光无限美好，气候又那么宜人，真是一块适合人们生存的风水宝地。聚集几个志同道合的朋友来到此处，天天在这湖光山色之中交流思想，那简直就是天地间最罕有的生活场景了。

由此可见，王阳明把人获得乐趣的源泉看得十分宽广，既可以享受丰富的物质生活，还可以享受快乐的精神生活，总之一句话：带着诗意的心情去生活才最完美。心学虽然听起来有点难懂，但是只要认真沉下心来去静听内心的声音，你就会发现其实它很容易弄懂。只不过有些人身处嘈杂的俗世，内心一片浮躁，越去思考什么致良知、什么知行合一，脑子就越是短路。其实，与其费这么大的力气，还不如找一个比较安静的环境和自己的内心对话，说不定很快就能悟出天理的真实内涵所在。

王阳明之前一直向往的生活就是归隐山林，当然他的这个理想并非是为了逃避，而是想和大自然紧密地拥抱在一起，这样才能获得更多的对人生和世界的理解。的确，一个人内心混乱的时候，怎么可能会欣赏大自然的美呢？当一颗心丧失了对美的认知的同时也就不可能过上诗情画意的生活。所以，那些在山水之间修行的大师们，恰恰就在这种原生态的生活中发现了自然独特的美，也就在同一时刻认知了自己的内心。

王阳明懂得诗性生活的魅力，所以他才能坦然面对人生中的得意和失意。

在他第一次科举考试落榜的时候，他没有颓废不堪，而是用诗歌来填补内心的落寞和失意。为此，他在家乡创办了龙泉山诗社。虽然诗社里的人不多且没有什么名气，王阳明却十分满足，因为他可以和大家尽情地徜徉在山水之中，高兴了就下棋饮酒，不高兴了就跑到山脚下吟诗作对，将胸中的愤懑以文字的形式发泄出去。正是有了这样的生活情趣，

王阳明淡泊的心境才得以安然地保存，没有变成一个哀叹不幸的失意的读书汉。在创办诗社的日子里，他以诗歌来言志，创作了像“我爱龙泉山，山僧颇疏野。尽日坐井栏，有时卧松下”这样的佳句。这种山清水秀的生活不仅陶冶了王阳明的心性，更是让他度过了在落榜之后人生中最灰暗的一段日子，让他忘却了光怪陆离的尘世生活，得到了一个宝贵的思考和自省的绝好机会。

不光是在风光秀丽的山林中王阳明能心情愉悦，即使在野兽出没的龙场，他也能够自得其乐。当时，已经跟农夫一般模样的王阳明，也能抛却人生中的短暂失意，一边种地一边作诗：“起草不厌频，耘禾不厌密。物理既可玩，化机还默识。即是参赞功，毋为轻稼墙。”

农耕生活反映了王阳明回归原始境地的一种超脱和豪放，是将“天人合一”活学活用的一种境界，也可以理解为中国诗人通常使用的“自我重要法”。这虽然看起来接近精神胜利法，其实是一种实用主义哲学的再现，让王阳明在一个被遗忘的角落仍然能够找寻到其中的价值所在。王阳明一边挥汗如雨地辛勤耕作，一边用艺术家样的审美感觉给予身边事物价值，让自己的内心世界始终处于饱满和坚挺的状态，让他即使身处危难也仍然能够超脱很多苦难和抑郁，这就是最高明的“内心制胜”。

带着诗性去生活的王阳明，终于在四体沾泥的情况下超越了现实的残酷，在龙场成功悟道，迈出了心学历史上最关键的一步。

情绪是你的仆人，别被它左右

古人为治，先养得人心和平，然后作乐。

——《传习录》

人生不如意十有八九。王阳明觉得，能够容忍他人的侮辱、冒犯，能够坦然接受失败和挫折，这样的人都是有担当的人，这样的人能在紧急的事情面前调整心态，做好事情。35岁的王阳明在官场中得罪了宦官刘瑾，而被廷杖四十，之后被流放到贵州龙场做驿丞。在龙场的经历对于王阳明来说，是他一生当中经历的最大一次磨难，是他生命中的一道生死大关，或许但凡成就一番大业的人都要经历上天的考验，也或许人只有经历生死考验才能将内心所有的能量激发出来，总之危难之中的王阳明迈得过这一关，老天就会将天下重任交付于他。

翻过千重山，越过万重岭，风餐露宿，忍饥挨饿，饱受筋骨疲惫，躲过明枪暗箭，王阳明终于到达了流放之地——贵州龙场。尽管所有的人都对龙场这个边远的深山老林做好了吃得苦中苦的准备，但是真正到达的时候，还是被这里所有的一切吓到了，所有人看着荒无人烟的穷山恶水顿时变得绝望。没办法，既然来了，赶紧找驿站吧，因为要解决食宿，他们心中将唯一的希望寄托在驿站之中，等他们满怀着希望找到所谓的驿站之时，彻底傻眼了。

眼前的驿站已经不能用破败不堪来形容了，茅草屋顶被风刮得没剩下多少，墙壁也早就倒了一面，里面的床铺破烂不堪，而且生出了很多长毛，就算是这样他们也不能住在这里，因为大明朝规定，所有流放的官员是没有资格住在驿站的。至于吃的，就更不用想了，如此艰苦的环境，如此的驿站，是所有人都没有想到的，大家都累得一个个瘫坐在地上，心中有着说不出的悲凉。要知道他们原本生活在京城，原本过着衣食无忧的生活，哪里见过这样的穷山恶水，哪里见识过如此艰苦的居住环境。

王阳明静静地站着，看着眼前那崎岖的山路，心中也有着说不出的一番滋味，但是这人生不就是像这山路一样吗，爬上去，走过去了，才能站在顶峰，既来之则安之吧。不是要做圣人吗，这么一点点艰难都不能扛过去，如何做圣人。想到这里，王阳明最初的彷徨消失不见，取而代之的是一股豪情壮志在胸中汹涌。“心外无物”，这外界的环境又如何能束缚自己呢？弘扬心学，担当重任，就必须要克服这穷山恶水。为了有个安身之所，为了能够生存下去，王阳明带头砍树割草，开始搭建茅草屋。说来也奇怪，

尽管大家都累得要命，但是在王阳明的带领下，大家不分尊卑，都一起动起了手，刚刚那苦不堪言、落魄的没有半点力气的样子一点都不见了。

一个人只有在最艰难的时刻，潜能才能被激发出来。王阳明惊奇地发现，所有的人在搭建茅草屋的时候，在面对困难的时候，精神状态都不知不觉地比原来好了起来，仿佛力气也恢复了好多，而且每个人的身上好像都有一股神秘的力量被激发了出来。尽管所有的随从都不曾留意，但是王阳明却发现这一奇怪的现象。他想是什么力量让他们在这种疲惫不堪的情况下再次恢复了精神和活力呢？

王阳明一边干活一边思索着，他想到了孟子的那句话："生于忧患，死于安乐。"这一句话一遍遍地在他心中出现，他的心猛然一动，突然明白这一股神秘的力量就是被当前这一困境所逼出来的。这世界上所有的人大概都是这样，只有在面临不可避免的艰难和挑战之时，才能全身心投入，内心的力量才会被激发出来，才会唤醒深藏在心中那股强大的意志力。当然，如果一个人不能正面去面对所面临的困境，只是一味地在悲苦与失落之中徘徊，那么就算是有潜能也不会激发出来。

经过了一番辛苦的劳作，茅屋终于搭建好了，尽管这屋子矮小，但是一行人总算有了个容身之所，所有人都很欣慰，这也让王阳明明白了一个道理：人的本性只要不受到那些私欲的束缚，就没有克服不了的困难，就没有摆脱不了的情绪。

当一个人生活在平庸中，当一个人每天都觉得无所事事，每天都处在萎靡不振的时候，其实就是这个人在生活和工作之中没有一点挑战和压力。试想一下，如果王阳明一直在京城，一直在仕途之中一帆风顺，或许就没有后来的王阳明，就没有伟大的知行合一的心学理念，而历史上也不会有这样一位五百年一遇的圣贤之人了。

心清静是人生的幸福之源

你未看此花时，此花与汝心同归于寂，你来看此花时，则此花颜色一时明白起来。

——《传习录》

有一年春天，王阳明和他的朋友到山间游玩。朋友指着岩石间一朵花对王阳明说，你经常说，心外无理，心外无物。天下一切物都在你心中，受你心的控制，你看这朵花，在山间自开自落，你的心能控制它吗？难道你的心让它开，它才开的；你的心让它落，它才落的？王阳明的回答很有味道："你未看此花时，此花与汝心同归于寂，便知此花不在你的心外。"

在王阳明看来，云在天空，水在瓶中，都是事物的本来面貌，没有什么特别的地方。站在佛教徒的立场，领会事物的本质，悟见自己的本来面目，像青天的白云一样，自由自在，也就达到一种做人的境界了。这也是一种顺其自然、没有分别矫饰、不加强求的心态，是超越染净对待自然生活、清静心性的全然显现。所以王阳明这样说过："用道给对方开导，教他如何解开心结，使其不平衡的地方获得疏解，这时纵然得不到大乐，也必似活在人中富贵环境中。"事实真的就像王阳明说的那样吗？

李翱非常钦佩惟严禅师的禅道，做朗州刺史时，曾多次邀请惟严禅师下山参禅论道，但都被惟严拒绝了，所以李翱决定亲自去拜见惟严禅师。

李翱去拜见禅师的那天，非常巧地遇见禅师正在山边树下看经书，但禅师却毫无起迎之意。随从提醒惟严说：“太守已等候您多时了。”惟严禅师只当没听见，只是闭目养神。

李翱是一个急性子的人，看到禅师这种冷漠的态度，忍不住怒声斥道：“真是见面不如闻名！”说完便拂袖欲去。

惟严禅师这时候才慢慢睁开眼睛，缓缓地说：“太守为何相信远的耳朵，而轻视近的眼睛呢？”

李翱听了大惊，忙转身拱手谢罪，并请教什么是“戒定慧”。

“戒定慧”是北宗神秀倡导的渐修形式，即先戏而后定，再由定生慧。但惟严禅师是石头希迁禅师的法嗣，属于惠能的南宗，讲究的不是渐修，而是顿悟法门。因此惟严禅师回答说：“我这里没有这种闲着无用的家具！”

李翱听后丈二和尚摸不着头脑，只得换一个话题问道：“大师贵姓？”

惟严禅师说：“正是这个时候。”

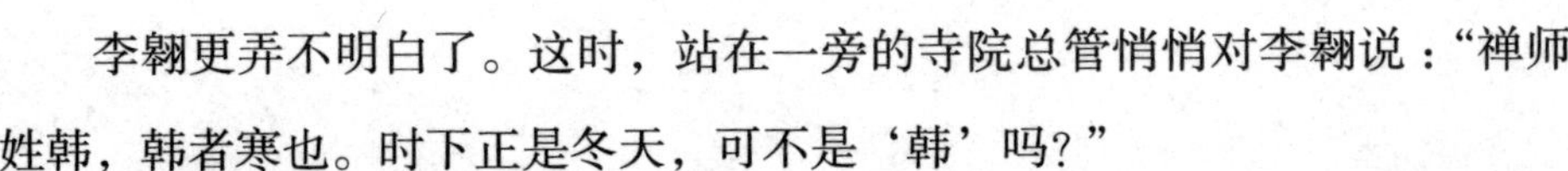

李翱更弄不明白了。这时，站在一旁的寺院总管悄悄对李翱说：“禅师姓韩，韩者寒也。时下正是冬天，可不是‘韩’吗？”

惟严禅师听到后哈哈大笑，说道：“胡说八道，若是他夏天来也如此问答，难道我姓‘热’吗？”

气氛顿时轻松多了。

他又问禅师什么是禅道。惟严禅师用手指指天，又指指地，然后问他道：“理会了吗？”

李翱摇摇头说：“没有。”

这时，突然一道阳光射了下来，正巧照见瓶中的净水，李翱不禁随口念了一偈：

“炼得身形似鹤形，千株松下两函经。

我来问道元余说，云在青天水在瓶。”

不知李翱是否领会了惟严说的禅机，总之，这首诗最后成了千古绝唱。“拥有一颗清静心，是幸福之源泉。”难道不是吗？现实中，我们整天为纷繁复杂的人际关系所左右，为身外之物所烦扰，为名位所刺激，我们的心怎么静得下来呢？烦恼自然时刻也不会远离我们。

曾经有多少人感叹：难得有几天清静的日子。工作太忙了、事情太多了、应酬太多了，妨碍了清静心。如何在繁忙的生活中一直保持清静心，我们的身体在劳碌，但心地依旧清静，一尘不染，这就是定力。

生活要能事事如意，不受外界干扰，实在很不容易！既然人世间有这么多不如意的环境要面对，不如先自我净化，让内心的世界清静，这就是修心要下的工夫。

保持童心，你的世界才真实

夫童心者，真心也；若失却童心，便失却真心；失却真心，便失却真人。

——王阳明弟子李蛰

很多人有这样的感受：人在社会混久了，挫折受多了，艰难困苦经历了，或者心染污了，变得有杂质了；或者本来很爽直的，变得不敢说话了；或者本来很坦白的，变得拐弯抹角了；或者本来有抱负的，最后变得很窝囊了，凡事弄权耍奸，虚伪掩饰，活得很痛苦。怎样才能摆脱这些呢？

王阳明认为，人心的本体原来是明白清楚的，可由于气量的拘束和物欲的蒙蔽，逐渐变得昏暗模糊了。如果人们只是想要穷尽天下万事万物的道理，却不向自己的内心探求，舍弃了自我的良知，本心被蒙蔽，自然就看不清善恶的原因，体察不到真假的异同。

只有当蒙蔽本心的那些物欲被清除，本心恢复纯明，才能真正激发内心的巨大能量。这就要求人们的内心回归到纯朴自然的状态，回到初来人世时那头脑空空的初心之境，具体说就是重返童心，做回心灵上的儿童。这也是后人在王阳明的"本心"之上衍生出"童心说"的基础。关于童心，继承王阳明思想的明代哲学家李蛰作出如下解说："夫童心者，真心也；若失却童心，便失却真心；失却真心，便失却真人。"在他看来，所谓童心，就是人在最初未受外界任何干扰时一颗毫无造作、绝对真诚的本心，不掺杂任何虚假的纯真，是人内心中的一念之本，是那瞬间萌动的“天真”。如果失掉童心，便是失掉真心；失去真心，也就失去了做一个真人的资格。而人一旦不以真诚为本，就永远丧失了完整的人格，心的巨大能量也就被压制了。

儿童，是人生的开始；童心，是心灵的本源。那么，在现实中，心灵的本源怎么可以遗失呢?

人们初临人世的时候，只是一个头脑空空的婴儿，只懂得饿了要吃，困了要睡，不懂得男女之间的色欲，不懂得功成名就、家财万贯的荣耀，他们什么都不知道，只以一颗纯真的初心，好奇地观望这个世界，享受这个世界带给他的每一丝欢乐。随着人们渐渐长大，原本纯洁的心沾染上世俗的尘埃。人在启蒙时期，通过耳闻目睹会获得大量的感性知识，长大之后又学到更多的理性知识，而这些后天得来的感性见闻和理性道理一旦进入人的心灵，童心也就遗失了。久而久之，听到、看到的道理日益增多，所能感知、觉察的范围也日益扩大，从而明白美名是好的，就千方百计地去发扬光大；知道恶名是丑的，便挖空心思地来遮盖掩饰，这样一来，童心就不复存在。

童心一旦失去，说出的话便是言不由衷；处理事情，也没有真诚的出发点；写的文章，也无法明白畅达。一个人如果不是胸怀美质而溢于言表、具有真才实学而自然流露，那么从他嘴里连一句有道德修养的真话也听不到。

那么，人为什么要保持童心呢？保持童心也就保持了真实。当你用虚假面对世界时，世界回应你的也只能是虚假。因为人一旦以虚假为本，一举一动就无不虚假，由此去对假人说假话，正是投其所好；跟假人讲假事，他肯定信以为真；跟假人谈假文章，他必然赞赏有加。这可真是无妙不假，便无所不喜，满天下全是虚假，俗人哪里分辨得出真伪。在这样一个虚伪的世界里，看不到真相的人们难免做出错的决定，走上错误的道路，做出错误的事情，而这一连串错误所累积而成的人生必将痛苦不堪。

快乐的真谛：心安处即是乐也

问："乐是心之本体，不知遇大故，于哀哭时，此乐还在否？"先生曰："须是大哭一番了方乐，不哭便不乐矣。虽哭，此心安处即是乐也。本体未尝有动。"

——《传习录》

很多人熟悉刘德华的那首《男人哭吧不是罪》，我们不禁会问：现在的人还会哭吗？我们还具有哭的能力和欲望吗？在很多人看来，哭除了让别人发现自己内心的脆弱之外，并不能解决任何问题。

于是，很多人开始用虚假的坚强来掩盖自己内心的脆弱，无论受到多大的委屈，无论自己承受的痛苦有多大，都强迫自己不要哭出来。其实，对于成年人来说，哭并不是一个人脆弱的表现，而是宣泄情绪和释放感情的一种良好方式。

很多时候，哭也是一种勇敢的表现。比如，当至亲离我们而去，如果你总是压制自己内心的悲痛情绪，让自己不流出悲伤的眼泪，那么内心的沉痛又该如何消除呢？这个时候，如果让自己痛痛快快地哭一场，内心的悲痛便会消减很多，随后便是雨过天晴后的豁然开朗。

谁没有想哭的时候？硬汉也有男儿泪！当内心想流泪的时候，就不要让自己强颜欢笑，而是痛痛快快地哭出来。把自己脆弱的一面给别人看，爱你的人不会耻笑你的脆弱，相反的，这能让你爱的人更加亲近你，了解你的需要。这样，你也就不再孤单，不再因为要承受更多的苦楚而独自伤怀。

王阳明说："须是大哭一番了方乐，不哭便不乐矣。虽哭，此心安处即是乐也。本体未尝有动。"这句话的意思是说，一个人只有痛哭之后才能乐，不哭就不会乐了。虽然痛哭，此心却得到了安慰，因而也就是乐。心的本体并没有因为痛哭而有所改变。

老黄十几岁到乡下插队，整整20年都没有离开过这个叫西尔根的内蒙古林地。后来，他被调回城里，又整整25年过去了，老黄再没有踏足那个叫西尔根的地方。因为那个地方有太多的往事，让老黄的内心隐隐作痛。

回到城市后，老黄就结婚生子了，现在早已是儿孙绕膝。这个时候的老黄本应该在城里颐养天年，然而他却选择回到那个阔别已久的大草原，并准备老死在那儿。老黄这所有的想法，儿女们都不知情。

一天清晨，老黄给家人留下了一封信，然后偷偷地踏上了前往内蒙古的火车。走在西尔根的草地上，那些年的回忆一波朝老黄袭来。他见到了以前的家，以前的乡民，还有以前的学生，那是他在西尔根最后几年当教师时教过的孩子。这些学生如今也已经是

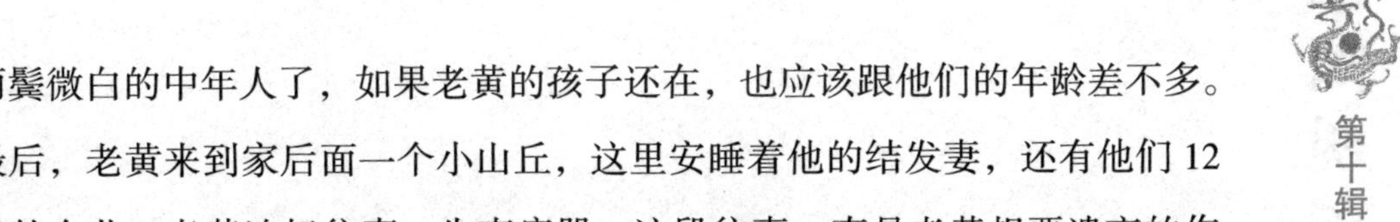

两鬓微白的中年人了，如果老黄的孩子还在，也应该跟他们的年龄差不多。最后，老黄来到家后面一个小山丘，这里安睡着他的结发妻，还有他们 12 岁的女儿。老黄追忆往事，失声痛哭。这段往事一直是老黄想要遗忘的伤心往事，也是他后来离开西尔根的原因。一回到城里后，他从未向任何人提起过这些往事，也从未掉过一滴眼泪。之前，他也有过一个幸福的家庭，然而却在一次意外中失去了第一任妻子和孩子……

一个月之后，老黄突然明白，回忆是珍贵的，珍惜当下才是最重要的。于是，他改变初衷，决定返回北京，与儿女一起生活。

可以说，每个人的心里都藏着一段不为人知不敢触碰的往事，它就像旧衣裳上面的味道，陈腐却舍不得丢弃，于是便开始被这些往事折磨，在一个人人都崇尚硬汉本色的现代社会，每个人都认为应该把痛苦打碎了往肚子里咽，于是很多人总是在强颜欢笑！

一个人要想生活得快乐，就要卸下伪装，做一个真实的自我。高兴的时候，可以开怀大笑；痛苦的时候，也可以放声痛哭。哭并不是脆弱的表现，而是一种情感的释放。

修得"不动心"的境界

破山中贼易，破心中贼难。

——《传习录》

王阳明认为，一个有抱负、有修养的人学习的根本目的在于提升自己。面对外来的各种毁誉荣辱，不但不要被它们影响自己内心的安定，而且要将它们作为磨炼自己的品性、提升自己素质的工具，要以一种坦然自若的心情去对待，达到不动心的境界，以获得悠游自在的人生。

王阳明在平定叛乱后，看见世风日下，感慨道："破山中贼易，破心中贼难。"心中之贼便是"私欲"，"私欲"方是一切万恶的源头，他认为一个人持有什么样的心态，就可能成为什么样的人，也就能够拥有一个什么样的人生。

世间的事，纷至沓来，只有做到不动心，才能得到真正超然物外的洒脱。王阳明认为，心的本体，原本就是不动的，心不动，即便有三千烦恼丝缠身，亦能恬静自如。这就好比同样多的事情，有人为世事所叨扰，忙得焦头烂额，有人却能泰然自若地悉数处理完毕。生活的智者总是懂得在忙碌的生活之外，存一颗闲静淡泊之心，寄寓灵魂。后者虽因忙碌而身体劳累，却因为时时有着一颗清静、洒脱而无求的心，很容易找到自己的快乐。

苏轼是宋代名士，有很深的文学造诣，他的思想兼容了儒释道三家。

虽如此，有时候他也不能真正领悟到心定的感觉。

苏轼被贬谪到江北瓜洲时，和金山寺的和尚佛印相交甚多，常常在一起参禅礼佛，谈经论道，成为非常好的朋友。

一天，苏轼作了一首五言诗：稽首天中天，毫光照大千；八风吹不动，端坐紫金莲。作完之后，他再三吟诵，觉得其中含义深刻，颇得禅家智慧之大成。苏轼觉得佛印看到这首诗一定会大为赞赏，于是很想立刻把这首诗交给佛印，但苦于公务缠身，只好派了一个小书童将诗稿送过江去请佛印品鉴。

书童说明来意之后将诗稿交给了佛印禅师，佛印看过之后，微微一笑，提笔在原稿的背面写了几个字，然后让书童带回。

苏轼满心欢喜地打开了信封，却先惊后怒。原来佛印只在宣纸背面写了两个字："狗屁！"苏轼既生气又不解，坐立不安，索性搁下手中的事情，吩咐书童备船再次过江。

哪知苏轼的船靠岸，却见佛印禅师已经在岸边等候多时。苏轼怒不可遏地对佛印说："和尚，你我相交甚好，为何要这般侮辱我呢？"

佛印笑吟吟地说："此话怎讲？我怎么会侮辱居士呢？"

苏轼将诗稿拿出来，指着背面的"狗屁"二字给佛印看，质问原因。

佛印接过来，指着苏轼的诗问道："居士不是自称'八风吹不动'吗？那怎么一个'屁'就过江来了呢？"

苏轼顿时明白了佛印的意思，满脸羞愧，不知如何作答。

身在人世操劳一生，却能心安身安，这着实是一件不容易实现的事。这需要我们转换对生活的态度，持一颗清静的心，不生是非分别，不起憎爱怨亲，这样就能够安稳如山，自在如风。

世上本无事，庸人自扰之。王阳明说人人都具有心力，大凡终日烦恼的人，实际并不是遭遇了多大的不幸，而是自己的内心对生活存在着片面性，心无力而已。真正聪明的人即使处在烦恼的环境中，也能够自己寻找快乐。

从心开始，塑造成功自己的心法

王阳明心学不是仅仅局限在精神层面，其中也包括成功学的内容。王阳明肯定了精神力量对成功的积极作用，但心学包涵的成功学不是高不可攀的，对普通人同样具有实践性和指导性，这也是心学和我国其他学派不同的地方。

别找了，你就是自己的贵人

卜筮（shì）者，不过求决狐疑，神明吾心而已。《易》是问诸天。人有疑，自信不及，故以《易》问天。

——《传习录》

很多人都想通过占卜或者人脉圈来找到自己的贵人，其实这是不自信的表现。做人只要拥有足够的自信，就可以挖掘出深藏在内心深处的潜力，让自己的人生变得无比辉煌！

王阳明认为，古人总是用占卜的方法来试图解决自己心中难以明断的疑惑，使得自己的心变得聪慧起来。研究《周易》当人遇到事情，犹豫不决的时候，自信也不足，因此才会想通过《周易》来向上天请教，解答自己所遇到的问题。王阳明也曾经亲身经历，用占卜解答自己的疑难问题。在王阳明被贬谪到贵州龙场的时候，他奔赴在去往龙场的路上，发现自己的身后总是有人不远不近的跟随，王阳明断定这是宦官刘瑾为了报复自己而企图在去往龙场的路上加害自己，所以他日夜兼程，利用自己在军事上学到的知识，在钱塘江将这些锦衣卫的爪牙摆脱了。但是王阳明的心中却一片灰暗，感觉到了从未有过的心灰意冷，于是他打算隐居山林之中，逃避现实世界的黑暗。

在一所寺院之中，大难不死的王阳明偶遇铁柱宫的道长。两人攀谈之中，王阳明将自己想要隐居山林的想法说了出来。道长听了之后说：“你隐居山林倒是没什么，但是你还有亲人啊，万一刘瑾因为找不到你而将罪名加到你父亲身上，然后将你父亲抓起来，给你安上一个叛国投敌的罪名，那时候你该怎么办？”王阳明听后身上不觉有冷汗出来，道士说得对，刘瑾绝对可以做的出来。道长见王阳明不说话，于是为他占卜一卦，结果占卜出来后是“明夷”两个字。这两个字意味着什么呢？道士解卦说“明夷”两个字的意思就是指一个人暂时遇到了艰难险阻，而导致郁郁不得志，但是不要那么悲观，如果可以将这些艰难险阻看作对自身的磨砺，那么未来是充满希望的，最终也会迎来光明的世界。经过了道士的劝解以及占卜的帮助，王阳明知道逃避终究不是办法，于是鼓足勇气，将隐居山林的念头抛开，将那些消极的想法也都摒弃，重新踏上了通往贵州龙场的路途。到了贵州龙场，面对荒芜的山林，王阳明就像卦中所说，将这里看作通往圣贤之路上对自己的考验和心智的磨炼，终于在瘴疠和虎虫肆虐的龙场领悟了人生的真谛，迈出了通向圣贤之路最关键的一步，从而最终创立了自己的心学，成为中国哲学历史上的圣人。

所谓的占卜，其实就像是王阳明领悟到的一样，那不过是为了解决自己心中的疑惑，让自己的心重新获得自信和力量。其实，如果一个人真的有一种信心和定力，那么就算是不用占卜也同样可以成功。

1525年2月，席书向皇帝上疏推荐王阳明，尽管他将王阳明推崇到了极致，但是皇帝并没有起用王阳明。7月，应天巡抚吴延也向皇帝推荐王阳明，但是皇帝只是书面回答认真考虑，却久久都不行动。9月，已退休的司法部部长林俊知道了王阳明被多次举荐却不得志后，向皇帝建议让王阳明做秘书，但是朱厚熜身边的秘书太多了，而且都是道士，所以王阳明依然没有机会。10月，监察御史史熊爵爷向朝廷推荐了王阳明，结果被皇帝狠狠骂了一顿，就此结束。

如此多的人力荐王阳明，而王阳明却在浙江余姚守孝期间过得悠闲自在。他在这期间唯一做的事情就是讲学，而对于别人对自己的诋毁，他根本就无所谓，也从来不辩解，而是选择无动于衷做自己该做的事情。其实在这几年，打击他学说的事情此起彼伏，从来就没有消停过。甚至于朝廷的两个御史向朱厚熜进言要禁止王阳明讲学，说他的心学让圣学也就是朱熹理学蒙尘。陆澄听后立刻发起反击，声明王阳明才是真正的圣学。结果王阳明知道此事之后，给陆澄写信说，诽谤不是靠辩论才能去解决的，天下的学问也不止朱熹理学一门，如果见到有人抨击心学是歪门邪道，就站出来辩驳，那还不得把人活活累死啊？而且一门学问的好与坏哪里是通过辩驳才能分辨出来呢？只要你觉得哪门学问好，认真去学就可以了，何必管其他人如何说呢？

从这封信中，我们看到王阳明宽广的心胸，以及他对于心学的自信。如今的他早已经不依靠什么占卜去开解自己了，对于世间发生的一切事情，他都可以做到淡然处之，而且他也不想让自己和学生们卷入政治斗争的漩涡之中。公道自在人心，对错无须辩解。

找准角度才能端正态度

“夭寿不贰其心”，乃是教学者一心为善，不可以穷通夭寿之故，便把为善的心变动了，只去修身以俟命；见得穷通寿夭有个命在，我亦不必以此动心。

——《传习录》

外界的环境我们永远都无法改变，但是我们却可以把握好自己选择的方向，找准角度，完善自己，改变命运。

王阳明认为，一个人要经常有好的想法和行为，并努力去实践这些想法，不能让外界环境的好坏影响到自己的心态。只要找准人生中的目标和角度，并且端正心态，就可以最大限度发挥自己的能力，掌控好自己的人生。

王阳明的学生王艮有一天出游回来，王阳明问他：“你出去游览都看到了什么呢？”王艮回答说：“我见到满大街都是圣人。”王阳明听后说：“你看满街的人都是圣人，那么满街的人看你也是圣人。”

某一天，王阳明的另一个学生董法出游回来之后，看到王阳明就说：“我今天见到了一件非常奇特的事情。”王阳明于是问道：“你见到什么奇特的事情了？”董法回答道：“我看到满大街的人都是圣人。”王阳明回答说：“这有什么奇怪的，不过是最平常的事情罢了。”为什么王阳明要如何回答呢，原因就在于王艮为人处世棱角还在，而董法却是迷迷糊糊中有所领悟，所以王阳明才根据他们提出的问题，故意反着回答而教导他们。同样的一句话，角度不同，态度也就不同。王艮看到满街都是圣人，却没有看到别人看他也是圣人；而董法觉得看到满街都是圣人是一件奇怪的事情。所以做人做事都要找准角度，端正态度，只有这样才能锻炼一个人的心智，才可以慢慢长大成熟。1523年是大明朝进士考试的时间，很不幸出题的都是朱熹理学的门徒。他们出的考卷是这样的：朱熹和陆九渊的学说本来是泾渭分明的，可是现在却有人认为两者是殊途同归，这不是在贬低朱熹吗？此等小人的险恶用心跟宋朝的何澹、陈贾有什么区别？如今此人还在到处蛊惑人心，宣讲什么低级学说，咱们是不是应该将此人的书全部烧掉，然后将他的思想都扼杀了？很显然，考题中所谓“小人”不就是指王阳明吗？这哪里是考题，简直就是对王阳明赤裸裸的攻击。考场之中，王阳明的学生徐珊看到这个题目之后，心中想，我怎么可以不顾自己的良知而去迎合这错误的言论呢？于是乎放下笔，走出考场，选择主动落榜。而王阳明的其他学生中欧阳德、魏良弼等人则与徐珊不同，他们用老师心学的思想去回答了这个问题，让人意想不到的是，此二人居然高中进士。在王阳明的学生中，钱德洪算是优秀学生了，他也是用老师的心学回答了试卷，只是他落榜了。钱德洪见到

老师后，表示非常恼怒如今朝廷的时事。可是王阳明听后却大为欢喜，他对学生们说："圣学从此可以光明了！"钱德洪觉得老师肯定是被这件事情气糊涂了，便问："老师，连考题都公然反对您的学说，您怎么倒说圣学从此光明了呢？"王阳明微笑着说："你反过来想想，现在连进士的科考题目都要质问我的学说，那不就证明我的学说已经被天下的学子都知道了吗？他们觉得这样是在攻击我，殊不知这是在变相宣传我啊？如果我的学说真的错了，那么经过这么一宣传，肯定会有学生去找对的学说。而我的学说如果说是对的，那么必定会被那些有识之士认可。咱们现在真是该好好地庆祝一番啊！"钱德洪听了老师的解释之后，不由地对老师这种乐观态度感到钦佩，并感到自愧不如。仔细想一想，很多事情并不是表面听起来那么让人不能接受，换个角度想问题，一切困惑也就迎刃而解了。或许真的是因为这次科举考试的原因，王阳明的心学风靡了整个大明朝，就连朱厚熜身边那些道士秘书们也开始对王阳明心学产生了极大的兴趣，而且时不时在皇帝面前提几句。而朱厚熜心中也感到迷惑，如果王阳明的心学就是为了修身养性，那么他那些学生大可以去深山老林之中修炼，怎么会成为科举的试题了呢？

孟子说，万物皆备于我。心灵中的世界才是最为广阔的世界，只要将那些杂乱的思绪和念头收回来，换一个角度去观察人生，去思考人生，我们就可以从外界的束缚之中超越出来，获得无穷的力量。

傲慢最终只能慢怠自己

为子而傲必不孝，为臣而傲必不忠，为父而傲必不慈，为友而傲必不信。故象与丹朱俱不肖，亦只一傲字，便结果了此生。诸君常要体此，人心本是天然之理，精精明明，无纤介染着，只是一无我而已。胸中切不可有，有即傲也。古先圣人许多好处，也只是无我而已。无我自能谦，谦者众善之基，傲者众恶之魁。

——《传习录》

傲慢会让一个人忘乎所以，傲慢会蒙蔽了人的双眼，让人失去对事物的理性判断，从而影响生活与事业，甚至于危及自己的生命。

王阳明认为，傲慢不是一件好事，它是人生的一种病态。傲慢带给人的后果就是子女不孝，臣子不忠，父母不善，朋友不诚。正是因为傲慢，尧的儿子与舜的弟弟都因此耽误了一生，大家都应该经常想想这个故事，让自己警惕起来。人刚刚降生的时候，心本来是纯净透明的，是没有受到任何污染的，只是人们都没有认识到这一点而已。如果人的心里都装着无私，都不将自己看得太重，那么就会远离傲慢。古时候很多人都将自己看得很轻，他们都成为了圣人。当人达到了一种忘我的境界，自然就能懂得什么是谦卑，懂得谦卑自然就会对人充满善意。而傲慢则是导致人一切不良行为的最重要原因。

在南赣剿匪期间，王阳明遇到一个比较厉害的角色，那就是池仲容。

说起池仲容，这个人颇有一些被逼上梁山的感觉。他和自己的老爹原本以打猎为生，本也是衣食无忧，生活得也算自在。但是当时的政府已经腐败到了让人无法容忍的地步，对猎户征收的赋税简直让他们无法承受。万般无奈之下，他与父亲只能到地主家当长工，租一些土地维持生计。然而天公不作美，那年因为遭遇灾荒而导致颗粒无收，结果狠心的地主就把他的父亲抓走，让他拿钱去赎人。不幸的事情还在后面，县衙又来收税，他们毫不讲理，没钱就把家中值钱的东西都抢走，然后还要让百姓出来帮忙拉车。

池仲容实在无法忍受了，当晚带着兄弟和乡亲进入县衙救出父母，占山为王，并开荒种地，打造兵器，自称“金龙霸王”。之后他开始联合其他占山为王的头领一起对抗大明朝的政府，几番下来打下了很多城池，并活捉过地方官以及指挥官。朝廷几番派兵来剿，但是都被他打得落花流水，弄得苦不堪言。这些剿匪的官兵只要看到一面蜈蚣的大旗，就觉得束手无策。而池仲容对于官兵的四次围剿不但取得了胜利，还打了一次特别漂亮的追击战。

这次王阳明来了，这个“金龙霸王”池仲容并没有将他放在眼里，而是主动进攻信丰城，尽管没有攻下，但是也让王阳明大吃一惊。池仲容以为王阳明就跟前几任南赣巡抚一样不堪一击，根本就不是他的对手，所以一点也不在乎。但是他此次真的是低估了王阳明。王阳明到了南赣，便快速地消灭了詹师富、温火烧等人，他才有所警觉，开始认真对待王阳明。

王阳明继续南赣剿匪的大业，先后又将横水、左溪和桶冈收复。此时的池仲容再也没有了当初的傲慢和轻敌，尽管手下的弟兄都来安慰他王阳明不过是瞎猫碰上死耗子，但是只有他自己心里明白，桶冈好似铜墙铁壁，而詹师富与官兵又多次交战，经验非常丰富，可是面对王阳明却在这么短的时间内就被打败，看来绝不可轻敌。手下的兄弟也表示王阳明在攻打詹师富的时候，用兵布阵很是神奇，不会是个省油的灯，还是要多加防范才好。也有人说王阳明不过一介书生，能有什么本事，如果我们不下山，他又拿我们如何。

池仲容此时深知王阳明不可轻视，于是派人盯紧王阳明的行动，当他看到王阳明散布的招降书后，立刻联系其他山头的人并对他们说，绝不可以对这招降书动心，官府的招降不过是个圈套，如果相信了不过是自投罗网罢了。结果黄金巢和卢珂投降了，池仲容心中依然信心满满。但是当王阳明重用卢珂的时候，他心中有点发蒙了。而更坏的还在后面，因为向来都拒不接受招安的陈日能也被王阳明打败了。而且他发现王阳明对于拒不投降者只采取一个办法，那就是杀。池仲容对王阳明也玩起了计谋，那就是让自己的弟弟带着家属假装去投降，目的就是拖延时间。王阳明是何等聪明之人，一眼就看得明白，随即将计就计与池仲容周旋了起来。王阳明乃是军事奇才，他命令投降的人去搭建军帐，并参加战斗，随后又让他们带着好酒好肉回到山寨，故意说要让池仲容来商谈投降事宜，其实已经做好了所有进攻的准备，并最终一举打败了池仲容。就这样，池仲容因自己当初的傲慢轻敌而以惨败告终，结束了自己的土匪生涯。

如何养成强大的气场

孔子气魄极大，凡帝王事业，无不一一理会，也只从那心上来。譬如大树，有多少枝叶，也只是根本上用得培养功夫，故自然能如此，非是从枝叶上用功做得根本也。学者学孔子，不在心上用功，汲汲（jíjí）然去学那气魄，却倒做了。

——《传习录》

在生活中我们经常见到一些有魅力的人，他们做人做事恰到好处，其实这就是所说的魅力。魅力能让一个人有一种难以言说的亲和力，而魅力也是一种气场的表现，是一个人自内而外透露出来的自信心。

王阳明跟弟子们说："孔子的气魄雄伟，因为只要是与帝王相关的学问和才能，他都加以研究、领会，这强大的气场皆是从心中得来。就比如一棵树，尽管有很多的枝枝叶叶，但是究其根本还是从根部培育起来，功夫到家了，自然就能如此了。现在的很多人学习孔子，但是都没有用心去学，只是匆忙地学习孔子的一些气场，如此去学习，并不会提高，只会颠倒。"王阳明在流放之地贵州龙场，历尽艰险，克服了水土不服、瘴疠肆虐，虎熊以及毒虫出没，还有就是克服了一日三餐的困难，每日专心静坐，用心体会圣贤之心以及领悟圣贤们的各种心境，终于在一日夜晚在石棺静坐之时深刻明了了"圣人之道，吾性自足，向之求理于事物者误也"，也就是"致良知"的学说。到了1508年的时候，王阳明又在贵阳的文明书院提出了“知行合一”的学说。所谓“知”，指的就是道德意识以及思想意识；而“行”指的则是人的道德实践以及实际行动。王阳明认为，知行本是一回事，两者互为表里，不可分离。知必然要表现为行，不行不能算是真知。良知，无不行，而自觉的行，也就是知。从贵州龙场走出去之后，王阳明无论是做知县、剿匪，还是平定宁王叛乱从来都没有忘记自己的学术研究。他将致良知用在治理县城上，用在了剿匪和平乱之中。王阳明还在工作之余竭尽所能修建学院，走到哪里就在哪里讲学，对圣贤之学不停地研究、领悟，最后用四句话对自己的心学思想作了概括和论述：无善无恶心之体，有善有恶意之动。知善知恶是良知，为善去恶是格物。

他还明确指出，人的心原本是晶莹纯洁的，并无善恶之分。但是只要人的意念产生，善恶也就随着来了。要想区分善恶，就要靠自己的良知。所谓格物，就是为善去恶。

1527 年，王阳明出征广西，他的学生钱德洪和王畿对这四句话产生了分歧。钱德洪觉得这对于圣人来说是没有问题的，但是普通人却因为有习性在心中，所以难免就会被物欲所蒙蔽。当一个人有了一点这个念头之后，就要立刻反省，按照良知引导去做。而王畿却觉得人本善良，人心本就是纯净的，不会有什么意念出现。钱德洪听后反驳：“像你这样，就坏了师门教法。”

两个人正为此争论不休，在天泉桥上遇到王阳明，于是两个人就一起请教老师。

王阳明听了两个人的话之后，对两个人说原本就有两本，人有两类，一类就是利根的，这类人聪明，领悟的能力非常强，只要稍加点拨就会明白；一类就是钝根的人，这类人反应比较慢，需要一步一个脚印，踏踏实实地去学习。对于利根的人，只要悟到最根本的就是融会贯通。但是一般人比较多，所以还要给他们讲为善去恶。

从王阳明这一番话可以领悟到他的一番苦心，在龙场悟道，让他在艰苦的环境之中体悟到人生真谛；在剿匪时，他将自己的致良知与军事才能发挥到极致；面对大山深处的土匪，他以少胜多，创造军事奇迹，不仅历练出自己淡泊宁静的心境，更将自己的心学广为传播。在南昌，原本他并没有平叛的责任，但是作为朝廷的官员，作为有良知的人，知道自己有责任拯救大明王朝，有责任与宁王抗衡。在南昌，他自己组织民兵与宁王的王牌军作战，面对十万精兵，镇定自若，利用心计，利用时机，在很短的时间之内将宁王活捉，平息了这场叛乱。王阳明为什么会在军事上屡次建立奇功，为什么他总是能够以少胜多，其实这跟他从小的苦心学习分不开。他十五岁独自去边关考察；为了理解格物致知，一个人独自面对竹子七天七夜；为了学习养生，新婚之夜在铁柱宫与道士彻夜长谈；为了找到圣贤之路，辞职进入深山修行；为了建功立业，苦学兵法。这所有的一切都为他日后的成功打下了坚实的基础，也让他拥有了强大的内心与超强的自信，从而造就了他的军事奇迹与哲学理论。

负面情绪也可以化为积极行动

处朋友，务相下则得益，相上则损。

——《传习录》

结交朋友，要做到互相谦让，这样彼此获得益处；如果相互攀比，就会彼此伤害。想要做成一件事情也是一样，必须摆脱那些负面的情绪，以一种积极的态度去面对，方可将事情做好。

王阳明上疏得罪宦官刘瑾，紧接着被廷杖四十，然后扔到了锦衣卫的大牢，这件事情可以说尽人皆知。那时候的王阳明体弱多病，且不会武功，更不会什么硬气功，刘瑾这四十廷杖打得这位官二代简直是丢了多半条性命。等到锦衣卫将他扔入大牢之后，他已经是气息奄奄。不知道过了多久，他才悠悠然醒来，但是他看到的世界已经不是从前的那个世界了。

如今所在的世界暗无天日，臭气熏天，就跟地

狱差不多，以前他在刑部任职期间也曾见识过，可是这锦衣卫的大牢要比刑部大牢的环境更差。稍微熟悉点历史的人都知道，锦衣卫的大牢被人们形容成诏狱，可想而知那里的环境是多么的差。很多人都知道这诏狱只要进去了，就很少有人能活着出来。

在幽暗潮湿的牢房之中，王阳明的心中升起一种异样的感觉。那个少年时代就埋藏在心中的圣人理想如今已经消失不见，他的心变得如同浑水一般，五味杂陈无法言说。四十廷杖带给王阳明的伤痛，加上心理压力，这位平常养尊处优的王大人此时在这人间最黑暗的锦衣卫大牢之中彻夜难眠，苦不堪言。其实这些都是可以理解的，当一个人面临如此环境时，就算是大罗神仙心中也难免起变化，何况肉体凡胎。

一日在牢房中，他看到从牢房的一角倾泻而下的一束月光，在那束月光之下，他勉强站立起来，想起自己的前半生，禁不住潸然泪下。他想到自己一封上疏却落得个这样凄惨的下场，他想到自己曾经

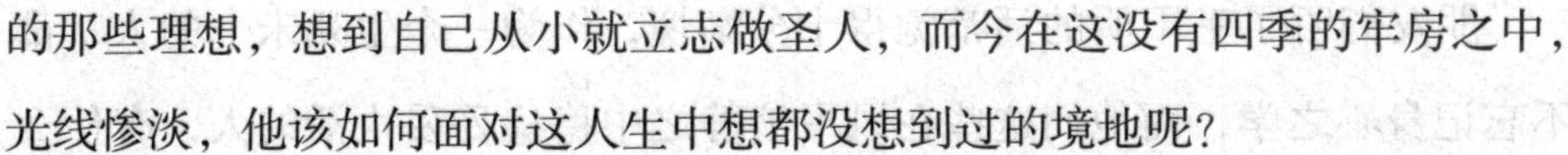

的那些理想，想到自己从小就立志做圣人，而今在这没有四季的牢房之中，光线惨淡，他该如何面对这人生中想都没想到过的境地呢？

或许人只有在面临生死的时候才会领悟到人生的一些真谛，王阳明面对凄惨的牢房生涯，他不知道自己的生命还有多长，他也不知道要在这个地方呆上多久，他开始重新思考人生，思考自己的圣贤之路。他想到了《周易》,《周易》本是周文王在牢狱之中写的卦书，里边暗藏了人生的诸多玄机，如果可以读透此书，便可趋吉避凶。也有人说这本书乃是君子的修身宝典。王阳明也想参透其中的奥妙，便开始每日刻苦钻研。他读着、思考着，心中不觉得豁然开朗。

周文王能在狱中写下如此著作，而他苦苦追寻的那些圣人在这样的环境之中又该做些什么呢？王阳明想到自己的理想，想到自己的志向，心中的沮丧，心中的悲切，以及那些心中的浑水变得清澈起来，他重新认识自己所处的环境，并将这些看作自己圣贤之路上的考验，开始在锦衣卫的大牢中为狱友讲学，鼓励他们战胜环境，保持君子的风范，时刻想着圣贤之书。

到了 1507 年，王阳明终于迎来了出狱的日子，但是等待他的却并不是光明的未来，而是另一场生死考验，这场生死考验一点也不亚于锦衣卫的诏狱。一纸诏书，让王阳明瞬间被革去所有官职，贬谪到贵州龙场做驿丞，他的朋友听说之后个个脸色大变，非常沮丧地对王阳明说：“你去的龙场根本就是非人类居住的地方，这一去恐怕是凶多吉少啊。”

王阳明听后安慰朋友们说：“锦衣卫的大牢都住过了，那山水遥远的贵州龙场算不得什么。况且既然国家在那个地方设立了驿站，就证明有人居住。别人能生活在那里，我为什么不能呢？锦衣卫大牢那样的地方我不也挺过来了吗？”然后反过来嘱咐朋友们在以后的日子里，不要放弃读圣贤书，要将身心之学发扬光大。

朋友们听了王阳明的话都觉得十分惭愧，作为一个生死未卜的人，都不忘记身心之学，而他们这些在风平浪静之中稳稳妥妥生活的人，有什么理由沮丧呢。这就是一个特立独行，一个非同寻常的王阳明，他的大半生都在追寻如何成为圣人，他从未对自己的理想和生活绝望过，就算是遇到什么不好的境况，他也会很快从负面的情绪中走出来，重新步入追寻梦想的路上。从科举失败到流放龙场，他的人生之路有着说不尽的曲折，可是他依然勇敢前行，从不放弃。

内心要有一种定力

问："心要逐物，如何则可？"

先生曰："人君端拱清穆，六卿分职，天下乃治。心统五官，亦要如此。今眼要视时，心便逐在色上；耳要听时，心便逐在声上。如人君要选官时，便自去坐在吏部；要调军时，便自去坐在兵部：如此岂惟失却君体，六卿亦皆不得其职。"

——《传习录》

有人问："心沉迷于追逐外物之中，如何对付这种情况？"

王阳明说："一个国家的君王修身正己，各个部门的官员各司其职，天下就能安定。人心统率眼、耳、鼻等五官，也要如此。现在眼睛要看东西，心就在美色上追逐不已；耳朵要听时，心便在追逐好听的声音。这样妄起分别，就好像君王要选拔官员，便自己去坐到吏部；要调遣军队，则自己去坐在兵部。这样凭自己的好恶去行事，不仅失却了自己的君王身份，各部门的官员也都不能恪守其职。"

古人认为，心具有思考能力，在各种器官中处于统帅地位，所以将它称为"心君"，而眼、耳、鼻、舌、身五官不会思考，与外物接触时容易被吸引而误入歧途。

所以，只有首先把心的位置摆正，确定心的绝对权威地位，我们才不会让外物扰乱自己的内心。用《孟子》的话来说就是"先立乎其大者，则其小者不能夺也。”只有心正了，才能在面对许多外物的诱惑时保持内心镇定，不为外物所动，达到“任凭风浪起，稳坐钓鱼船”的超然境界，这样就能从容自如地处理各种问题。

在繁华的大都市纽约，人潮汹涌，在纽约车站更是这样，中央车站问事处繁忙得很，旅客都争着询问自己的问题，因此，对于问事处的人来说，他们的工作压力和紧张程度可想而知。可令人诧异的是，柜台后面的那位服务人员一点也不紧张。他身材瘦小，一副文文弱弱的样子，倒是显得有些自然轻松。

“夫人，你想要问什么？”他抬起头把目光锁定这位妇女，“你要去哪里呢？”这时有一位男子试图插个话。但这个问事员丝毫不理，还是继续和那位妇人的话题：“你要去哪里呢？夫人。”“春田。”“是位于俄亥俄州的春田吗？”“不，是马萨诸塞州的春田。”他根本不用看列车时刻表，直接说：“那趟车在10分钟之内，第15号站台出发。你根本不着急，不用跑，时间还来得及。”“是15号站台吗？”“是的，夫人。”

女旅客走开时，这位先生才把注意力集中到那位男子身上。

有时有人请教这位服务人员：“面对这么多的人，你是怎么样做到保持冷静的呢？”他这样回答，“我并不是在和公众打交道，只是在单纯地处理一位旅客，处理完一位，再换下一位，在一天当中，我一次只能为一个旅客服务。

他的话说得多么精彩：“一次只为一位旅客服务。”这和“一次只做一件事”有着异曲同工之妙。一次只做一件事，就会心无旁骛，就能把事情做好。做事最忌的就是三心二意，见异思迁。如果把有限的精力分散到太多的事情上，那样就会疲于奔命，效率低下。因此，我们做事的时候，把自己的精力集中到一件事情上来，尽可能地清除掉一切产生压力或分散注意力的阻碍和想法，让自己的全部精力集中在当前所做的事情之中。

所有的成功都需要专心和专注，都需要投入大量的努力和真诚，正如庄子所说，“真者，精诚之至也，不精不诚，不能动人。”一个需要成功相伴的人，唯有做到“精诚”，用自己对工作的专心和专注，去打动成功的心。可见，如果你能将注意力集中在自己身体内，一旦进入状态，就能获得一种内在境界。这时外界的各种事情和动静就干扰不到自己了，因为我们的注意力会被内在稳定的心境所抓住，处于这个境界，外面的种种诱惑就不再能控制我们了。

专注于眼前的工作当然是必要的，但是我们可以先观照自己的内在身体，让一个宁静放松的境界在心内扎根，当外在的身体与心灵相连后，我们的心态会变得非常轻松自如，工作质量和效率也会大幅提升。

所以，当你在做一件事的时候，不管你做的是什么，利用这个机会感觉自己身体内部的感觉和状态，让自己专注于当下。这种方式可以把要做

的事变成一件轻松的事，避免你的思想受到其他事的干扰。

当你的注意力深入在你身体内部后，你会很容易地保持一种定力，不管外面发生什么事情，你都可以保持不动如山的冷静状态。

郑板桥有一首赞美岩竹的题画诗说："咬定青山不放松，立根原在破岩中。千磨万击还坚劲，任尔东南西北风。"山上看似弱小的一簇竹子，之所以能不惧风吹雨打及飞沙走石的考验，就在于它的根深深地扎入岩石之中。

在这个世界上，成功者之所以很少，就是因为大多数人把握不住自己，心灵没有一种定力。

如果我们有"力不从心"的感觉，本来是想做这件事情的，但心思又转移到其他的事情上，又不由自主地去做与目标无关的琐事了，总是在不由自主地放逸自己，不能把注意力集中在应该达到的目标上。这时不妨试试这个策略，做事时先将注意力集中到自己的身体上，带着一种境界去工作，或许能够改变我们工作效率低下的局面，从而使自己的人生得到改观。

凡夫也能够做圣贤

无善无恶心之体，有善有恶意之动。知善知恶是良知，为善去恶是格物。

——《传习录》

王阳明早年习儒，在禅学上也有很深的造诣。他一生经历过百死千难的人生体验，在艰难困境中顿悟儒道之简易博大，“沛然若决江河而放诸海也，然后叹圣人之道坦如大路”，因此而创心学一派。王阳明把心学浓缩为四句话：“无善无恶心之体，有善有恶意之动。知善知恶是良知，为善去恶是格物。”他认为良知是心之本体，无善无恶就是没有私心物欲遮蔽的心，是天理。在未发之中，是无善无恶的，也是我们追求的境界，它是“未发之中”，不可以善恶分，故无善无恶。当人们产生意念活动的时候，把这种意念加在事物上，这种意念就有了好恶、善恶的差别，可以说是“已发”，事物就有中和不中，即符合天理和不符合天理，中者善，不中者恶；良知虽然无善无恶，但却自在地知善知恶，这是知的本体；一切学问、修养归结到一点，就是要为善去恶，即以良知为标准，按照自己的良知去行动。

王阳明所说的“良知”，究其来源，就是孟子所说的“人之所不学而能者，其良能也，所不虑而知者，其良知也。孩提之童，无不知爱其亲也。及其长也，无不知敬其兄也。亲亲仁也，敬长义也。无他，达之天下也。”（《孟子，尽心篇》）——从这个方面看来，良知便是一种先天的知识，良能便是一种先天的能力，它们都是人本来就有的“内在的道德性”，其本源都是人心。

人人习性不同如同其面，本性则相同相通人人平等，士农工商，良知无异，都可以成德成圣。王阳明说：“天地虽大，但有一念向善，心存良知，虽凡夫俗子，皆可为圣贤。”在王阳明的《咏良知四首示诸生》诗中，第一首便点出了“良知”的精髓：“个个人心有仲尼，自将闻见苦遮迷。而今指与真面目，只是良知更莫疑。”

其意是说，每个人心里都有良知，不比孔子多一点，也不少一点。因为良知本是天生，不用学习和思考，自然而得，大家不多不少，只有“灵丹一粒”。那么，为什么孔子是大圣人，而大家只是凡人呢？因为孔子体悟了自己的良知，而大家还处于蒙混状态，将“灵丹”遗弃在物欲的垃圾堆中。

王阳明这一说法与佛家认为“凡圣不二”意思相同，“佛是已悟的凡人，凡人是未悟的佛”，佛性人人本具，不生不灭、不垢不净、不减不增，不同之处只在一个悟字上。作为“先觉”者，其义务是帮助未悟者觉悟成圣，帮助的方法，并非将“良知”灌输给他人，而是引导他人发现自己的“良知”。

一天，了空禅师在外弘法，途经一条山路，被土匪打劫。了空禅师看着土匪们，扑簌簌地掉下了眼泪。

匪徒们哈哈大笑说：“你真是一个胆小的和尚！”

了空禅师说：“我不是因为害怕才流泪，对于生死，我早就不放在心上了。”

“那你为什么流泪呢？”匪徒们好奇地问。

了空禅师说：“你们年轻力壮，非但不为社会贡献，却在此拦路劫财危害社会，想到你们所犯的罪过，不仅遭人唾弃，国法难容，将来还要堕入耳鼻地狱，遭受苦难。我是为你们难过才流泪啊！”

匪徒们听了，感动之余，竟然抛下贪婪之心，皈依到了空禅师门下，从此变成了虔诚的修行人，心性与行为也与往日大不相同。

了空禅师引导匪徒发现自己的“良知”而让其向善，同理，孔子引导“鄙夫”的方法，不是将良知像传授知识一样传授给对方，只是以没有丝毫偏见的平等心，引导对方反观自心，发现心中本有的“矿藏”。

王阳明说：“良知之在人心，无间于圣愚，天下古今之所同也。”也就是说，无论是圣人还是俗人，古人还是今人，都根源于同一个良知，心之本体，本来就没什么分别。我们只要识得自己的良知，也就继承了古圣人的仁心。

良知如同一座智慧的宝库，一向被认为是有圣人在保管。我们后人拼命翻账簿，以期能破解开启宝库的密码。有一天，我们发现自己原来与圣人共同享有着开启宝库的钥匙，我们还需要漫无目标地去寻找吗？

附文

王阳明小传

王阳明，字伯安，名守仁，浙江余姚人。明朝伟大的哲学家、军事家、教育家、文学家，“心学”创立者。少年时便胸怀大志，以“正心修身，平治天下”为己任，后因体弱多病，接触佛、道思想，并于家乡的“阳明洞”习道家导引术以养生，因此以“阳明”为号。

在做学问方面，王阳明强调以“立志”为要，“志不立，天下无可成之事，虽百工技艺，未有不本于志者”，“志立而习气渐消。学本于立志，志立而学问之功已过半矣”，凡事只要有一种持之以恒的志向，时刻为这个目标而努力，就有成功的可能。为帮助学生树立志向，王阳明还有针对性地提出了如何立志的方法，使学生们受益匪浅。

作为一个已彻悟了心灵奥秘的教育家，王阳明有着非凡的洞察能力，他往往能洞悉学生们内心的弱点，一针见血地指出他们身上的毛病，以及给出如何改正缺点的有效方法。如薛侃多悔，王阳明便告诫他说：“悔悟是去病之药，然以改之为贵。若留滞于中，则又因药发病。”指出一个人有改错之心是好的，但吸取教训后，就不要想那么多了，不然一味纠缠于已发生的错误当中，就会钻进牛角尖，因不断悔恨而时刻折磨自己。

对于如何正确思考问题，王阳明从“致良知”“知行合一”的观点出发，也提出了自己的独到看法。如他说过：“良知愈思愈精明，若不精思，漫然随事应去，良知便粗了。”认为做一件事时，如果只是不着边际地去思考，就会有毁誉、得失等各种杂念掺入其中，就会看不到事物的本质，得不出正确的结果。这种观点是很有见地的。

在平时的应事接物上，王阳明已臻于“道”的化境，悟到“心无所滞”的重要性。如他曾借除草的机会点化学生：“草有妨碍，理亦宜去，去之而已。偶未即去，亦不累心。若着了一分意思，即心体便有贻累，便有许多动气处。”指出平时做事时的态度，也应和除草时一样，要有一种圆活的心态，即使偶然做错了某些事，也要保持镇静，不必过于在意，这样所做的事情才不会变成心灵的累赘，从而轻装上阵，不为情绪所扰，把握住处理事情的正确方向。

……

王阳明心学之“心”包含了他以心为宇宙本体的基本思想，是其心学的基点和核心。王阳明哲学中本体之“心”的确立以“心即理”命题的提出为标志。其主张“心即理”，一再申明“心、理是一个”，要人在心上“做功夫”，到心中去求“至善”的本体，这就把朱熹哲学本体论中能够生成万物的“理”本体，换成了与人的感官及认识直接联系的“心”本体和“知”本体，从而在道德修养和认识的范围内探讨世界的本质、“理”的来源问题。

王阳明对心、物关系的论述主要集中

在由心到物的认识过程中。他通过对“心—物”的认识环节中意念能动性的发挥和夸大，把作为认识对象的“物”融合在人的主观意念之中，从而取消了对象的客观存在。

王阳明的这一思想主要包含在他的“心外无事”“心外无物”和“知行合一”的命题之中。他从心、物关系中引伸出“心”“意”“知”和“事”“行”“物”几个方面的范畴，竭尽全力进行认识主体对认识客体的消融工作。

王阳明长期与学生及友人论学，宣传自己的哲学思想和主旨。其著作主要有《阳明集》《居夷集》《抚夷集略》《五经臆说》《大学古本旁注》等。后来，他的学生徐爱、陆澄、薛侃、钱德洪等，把王阳明的著作及论学的语录、书信、诗赋等搜集起来，辑成《王文成公全书》（现称《王阳明全集》）共三十八卷。其中，《传习录》单独列为全书（集）第一篇，分上、中、下三卷，乃王阳明哲学思想中的精华部分，也是研习心学的重要经典。

参考文献

［1］度阴山．知行合一——王阳明［M］．北京：北京联合出版公司，2014.

［2］冈田武彦．王阳明大传［M］．重庆：重庆出版社，2015.

［3］吕峥．明朝一哥王阳明［M］．北京：民主与建设出版社，2015.

［4］端木自在．知行合一的心学大师［M］．北京：华文出版社，2017.

［5］秦家懿．王阳明［M］．上海：生活·读书·新知三联书店，2017.